幼狮工程

专业技能系列

幼儿园音乐教学游戏化设计

许卓娅 主编

江苏凤凰教育出版社
Phoenix Education Publishing, Ltd

目录

序　言

《3～6岁儿童学习与发展指南》在各方专业人员协同努力下，历时10年，最终于2012年正式颁布。《指南》明确指出实施该文件时应该把握四个原则：

1. 关注幼儿学习与发展的整体性。儿童发展是一个整体，要注重领域之间、目标之间的相互渗透和整合，促进幼儿身心全面协调发展，而不要片面追求一方面或几方面的发展。

2. 尊重幼儿发展的个体差异。幼儿的发展是一个持续、渐进的过程，同时也表现出一定的阶段性特征。每个幼儿在沿着相似进程发展的过程中，各自的发展速度和到达某一水平的时间不完全相同。要充分理解和尊重幼儿发展进程中的个别差异，支持和引导他们从原有水平向更高水平发展，按照自身的速度和方式到达《指南》所呈现的发展“阶梯”，切忌用一把“尺子”衡量所有幼儿。

3. 理解幼儿的学习方式和特点。幼儿的学习是以直接经验为基础，在游戏和日常生活中进行的。要珍视游戏和生活的独特价值，创设丰富的教育环境，合理安排一日生活，最大限度地支持和满足幼儿通过直接感知、实际操作和亲身体验获取经验的需要，严禁“拔苗助长”式的超前教育和强化训练。

4. 重视幼儿的学习品质。幼儿在活动中表现出的积极态度和良好行为倾向是终身学习与发展所必需的宝贵品质。要充分尊重和保护幼儿的好奇心和学习兴趣，帮助其逐步养成积极主动、认真专注、不怕困难、敢于探究和尝试、乐于想象和创造等良好学习品质。忽视幼儿学习品质的培养，单纯追求知识技能学习的做法是短见而有害的。

本书内容的选择和编写几乎是与《指南》制定的研究过程同步的。我们相信读者可以在学习本书内容的过程中，进一步具体体会到本书提供的知识技能能够帮助教师理解幼儿的学习与发展特点：其一，整体性；其二，个体性；其三，直接经验性和游戏性；其四，与学习品质养成相辅相成。

"整体性"即：一日生活、自主游戏和集体教学的关系应该整体优化，一个活动应该可以同时达成不同领域的发展目标，同一发展目标也应该可以通过不同时空中的不同活动来不断深化和拓展。"差异性"即：不但应当充分尊重幼儿"扬长"，而且也需要充分支持幼儿"补短"；同时还要激励和引导幼儿相互启发、相互帮助。"经验性"和"游戏性"的核心实际上就是"做中学"和"玩中学"，"做中学"实际上就是亲历学习和活学活用，"玩中学"就是主动投入和享受成长快乐。而"学习品质养成"教育是渗透在环境创设、活动设计和师幼互动的所有细节之中，需要教师自己首先成为一个智慧的学习者才能够真正达成。

因此，读者还会在本书获得另外一个惊喜的发现，即教师尽管是成年人，但有效的新的专业知识技能学习也与幼儿学习有着同样的规律：一，整体性；二，有个体差异；三，最好是直接经验的和游戏性的；四，必须是与学习品质养成相辅相成的。

因此，我们才非常认真非常鲜明地在序言这样重要的地方提示读者：你首先需要尝试按照书中提供的原则和案例去做，然后就是认真地进行自我反思和评价，努力将存在的问题定位、定性，并努力寻找解决问题的可能方法，其后再进行进一步的实践探索。还有一个重要条件也是必须满足的，那就是这些工作需要在团队的支持下进行才可能更加有效。这个公式如下：

$$\frac{\text{实践}+\text{反思}}{\text{团队支持}}$$

最后，我们衷心地期望，每一位读者都能够从这本书中获得快乐——学习的快乐、工作的快乐和自我实现的快乐。

第一章　从游戏到游戏化

我曾经在上课的时候问过一群学前教育专业大学三年级的学生：什么是游戏？尽管他们已经学习过许多相关的理论和直接关于游戏的各种理论，他们仍旧对这个问题感到困惑和无言以对。

为此，我只好退一步再问：打扑克是游戏吗？结果他们一致赞同：是！当我再追问：为什么？他们又笑答：不知道！为此，我只好再退一步问：你们打扑克的时候高兴吗？结果多数人赞同：高兴！当我再追问：为什么？他们又笑答：不知道！为此，我只好又再退一步问：你们打输了想怎么办？答曰：想赢！又问：打赢了又怎么办？答曰：还想赢！再问：除了想赢以外，就没有别的快乐可言了吗？多数人笑曰：和朋友在一起聊聊天呗！……

我还曾经多次在在职教师培训的场合与参与学习的教师玩一种音乐游戏，具体游戏规则是：在第一乐段倒数第二拍时结伴二人玩快速反应的"打手游戏"，打到对方手者为赢家。赢家紧接着在音乐的间奏部分做表示胜利的动作，输家在此后第二乐段做全体一致规定动作的同时需要快速想出一个新的动作，以供重新开始的第一乐段使用。赢家必须在重新开始的第一乐段模仿输家创造的动作，输家创造出的动作最好是与同伴逗乐或交往的动作。

每次在玩这个游戏的时候，现场总是不断爆发出愉快的笑声。游戏结束后，我总是会询问参与者后面这些问题，而在全国近百次相同情境中的回应，答案几乎总是非常类似的：高兴吗？——当然。为什么？——因为赢。赢了为什么高兴——（会沉思片刻）证明我的速度更快。更快又怎么样？——我能力比他强一些。有自豪或自信的感觉吗？——当然。输了会难过或会有不安全感吗？——不会。那会怎么样？——想赢，输了想赢，赢了还想赢。除了赢还有其他快乐吗？——我创造动作，有创造的快乐；输了可以当领袖，赢家也要模仿我。还有其他吗，比如说音乐好听吗？——好听！做动作很有韵律感，也很舒服，还有和同伴一起相互逗乐很快乐……

第一节　心理学视野中的游戏

一、需要与愉悦

首先，从上面两个例子中我们可以看出，虽然准教师和教师都是成年人，但是他们几乎都缺少这样一种经验，即通过“追问”，来澄清自己进行游戏活动获得的“快乐种类”和“快乐产生的机制”。正因为如此，他们中也极少有人会认真深入思考：游戏到底是怎样的一种活动？如果说游戏过程中产生的快乐是吸引主体主动投入的关键因素，那么游戏的快乐又究竟是怎样产生出来的？

其次，从上面的例子中我们可以紧紧抓住这些具有关键意义的词汇：第一就是动词“想”。想是意识到自己的一种“期望”，期望本就是投入行动的内在力量，心理学又称之为“动机”。除了这个“想”字以外，所有其他的关键词语都是与快乐来源有关的，如想“赢”，想“创新”，想“当领袖”——期望获得成功感和自我实现感；想“和喜欢的人在一起”——期望获得被接纳、被爱和被尊重感；想通过听好听的音乐做充满韵律感的动作——期望获得身体以及心灵上舒服或惬意的感觉。即便是所谓交换各种“八卦”，也能够在一定程度上满足人的“好奇心”，还可能在通过别人故事中的信息加工获得生存优势比较后的“自恋”——自我欣赏、“自居”——幻想中以榜样自居引起幻想中的自我欣赏，以及“自我重新定位”——为将来的发展设定新目标等与间接“自我实现认知”有关的正面情感体验。

为什么说对上面这些词汇的分析对我们将要讨论的问题具有“关键”性的意义呢？这就需要从心理学的“动机理论”入手来展开我们的思考。

关于游戏，有许多心理学家发表过他们自己的意见。我们在此只使用一种理论并没有否定其他意见的意思，而仅仅是希望读者从这一特定理论角度，比较深入地汲取一种可以帮助自己拓展原有思考眼光的新路径。

美国人本主义心理学家马斯洛认为：人的需要和追求需要满足的先天倾向性，是人的动机以及自主行动产生的心理基础。正是因为人意识到了自己的需要，并主动发起行动来努力追求自己需要的满足，才能够在意识到需要满足后体会到那种特定的愉悦。

如果说马斯洛的理论在当时还仅仅是个“科学假说”的话，如今，已经有当代心理学家经过实验证实：人只有经过努力获得“成功”（需要满足）后，大脑才能生产出特定的生化物质——进而使人能够感觉到愉悦。（见图 1－1）

马斯洛需要层次理论模型

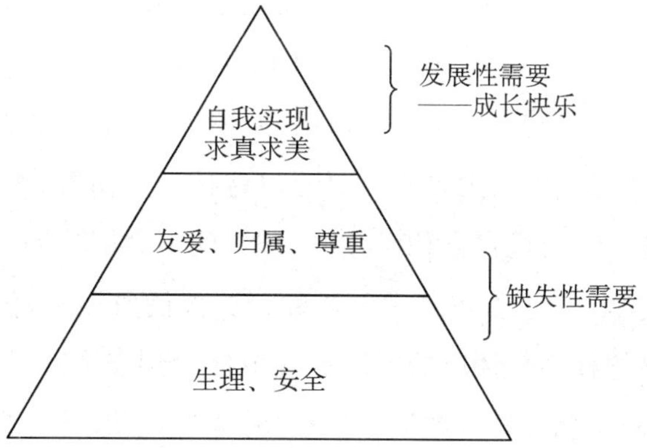

图 1－1

在马斯洛的需要层次理论模型中，处于下面两个层级中的需要属于“缺失性”的需要，缺少这些需要的基本满足，人是基本不能够正常存活的。而最上面一个层级中的需要属于“发展性”需要。只有获得这些需要的充分满足后，人才能够最终获得身体和精神充分发展的条件。

最上面三个层次中“认知”、“审美”和“自我实现”发展性需要的产生，又必须以下面两个层级的缺失性需要的基本满足为前提，即：下面两个层级的需要如若不能够予以基本满足，最上面一个层级中的发展性需要很难产生出来。

另外，在认知、审美和自我实现三种需要中，又以自我实现的需要为最高层级的需要，其发生和发展又需要以认知和审美需要的基本满足为前提。

需要特别注意的是：尽管自我实现的需要高居需要宝塔的顶端，其他各种需要分居需要宝塔的各个不同层级上。但这些需要之间并不是彼此割裂的！如果需要主体能够自己经过努力——至少部分依靠自己的力量——最终获得任何需要的满足，都能够间接获得对自身力量的认可，进而获得自我实现的高峰愉悦体验！

现在让我们再回到前面的实例：“想”是个体意识到自己需要的关键标志；“想赢”意味着个体意识到了“自我实现”的需要；“想在一起”意味着个体意识到了“爱、归属、尊重以及心理安全”的需要——也可以说是一种“人际交往”或“群聚”的需要。当各主体“想”要与其他愿意相聚的人“在一起”时，就经过实践活动等各种主动的协调努力汇聚到了一起——“群聚成功”也能够被主体归结为一种“自身态度技能发展的优势”，进而产生自豪感；当主体们需要通过这种不会伤害感情反而增进感情的输赢活动不断愉悦自己和对方的时候，就不会轻易因为输赢的问题而产生消极情绪，尽管会努力使用各种合法伎俩争取赢，但也同时会无论输赢都会在这种分享性质的群聚过程中体验到安全、归属和相互尊重需要的满足，同时也会努力维护、建设这种群聚性状，并为自身能够成功维护和建设这种群聚性状而感到自豪。

近年来，我和南京师范大学幼儿园的教师团队，根据马斯洛的需要层次理论模型，开发出了名为“简单—快乐”的幼儿园音乐舞蹈教学设计实施的原则体系，其中包括了四个基本策略，它们分别是：认知（含技能）

挑战；审美感动；人际支持和自我调控。这个体系在具体的教师培训和教师自我指导工作过程中，一再被证实非常具有操作的实效性。后面将会在专门的章节中进一步具体分享。

二、愉悦的"前提"与"底线"

中国古代哲学中的"空"，实际上是指一个自由的空间，但不要忘记这种自由必须是要由边界的限制来保障的。同样是中国古代哲学的"道"——"天道"、"地道"、"人道"，也是说人必须要按照客观规律的限定来行事。现代科学与哲学更是将探索规律、了解规律、遵循规律作为人类实践的基本原则。因此，任何个人追求自由、愉悦的实践活动，也都必须要考虑"前提"与"底线"这些与客观规律密切相关的"限定"条件。

人的需要同样也是一个复杂的动态体系。简单地说，个体自身不但包含即时的需要与长远的需要，现实的需要和潜在的需要，而且即便在现实的即时的需要中，往往还会同时包含许多不同的需要。当各种需要之间没有矛盾冲突的时候，或者人没有意识到各种需要之间的矛盾冲突的时候，人往往也不能够意识到追求愉悦也需要"前提"和"底线"。而当追求愉悦完全忽略这些"前提"和"底线"的时候，现实的愉悦很可能会直接成为自身后继痛苦的根源，个人的愉悦也更可能成为他人的痛苦或环境损毁的根源——进而间接成为自身后继痛苦的根源。

因此，我们在讨论需要满足问题的时候，一定不能忽视需要本身的合理性，以及追求需要满足的时机、方式、程度的合理性等，这些都是在处理以下三个"基本利益关系"时必须要学会综合考虑的问题。下面，我们尝试使用一种站在幼小儿童立场上提问的方式来展开对这个问题的思考。

（一）我和自己的关系

如果我的眼睛已经非常酸痛，但我还是非常希望能够把这部精彩的电视剧继续看完，我应该怎么办呢？

如果妈妈告诉我，马路上玩追跑游戏很危险，我也知道妈妈说的是对的，但好朋友们都在那里追跑，看样子很开心、很吸引人，我又该怎么办呢？

非常诱人的食物就摆在我的面前，我刚刚吃过午饭，而且也没有洗手，我究竟该怎么办呢？

（二）我和别人的关系

老师这次又没有请我发言，我非常失望，也非常委屈，甚至已经有些愤怒了，我该怎么办呢？

我非常希望能够摸摸旁边同学头上的那个新发卡，看看它是硬的还是软的，可现在上课，我也不知道人家是不是愿意让我摸，我应该怎么办呢？

有同学希望我可以和他结伴舞蹈，可是我并不那么喜欢和他结伴，我又该怎么办呢？

小组讨论游戏规则时，大家都不同意我的意见，但我确实认为我的意见很不错，我究竟该怎么办呢？

我想帮助我的同学解决他的问题，可是他不愿意要我帮助，而且还推了我，我又究竟该怎么办呢？

（三）我和自然环境的关系

地上开了一丛非常美丽的小野花，因为它不是人种的，我可以把它采下来带回家吗？

小溪流旁边的木牌子上为什么要写“请勿把我弄脏”呢？摸摸它也不可以吗？

太空垃圾是什么？它们会把天搞脏吗？天要是被搞脏了会下脏雨吗？如果真的下了脏雨，是不是地面上的所有东西都会变成脏的，再也洗不干净了呢？

有人说，教育应该追求的是发展人的主体性。但如果说这种主体性就是指主体选择目标和实施达成目标的行动的“主体能动性”，即明确地知道自己想要做什么和打算怎么做，同时最终能够通过实施自己的行动去达成自己的目标。比如蜘蛛、青蛙、鳄鱼哪怕是一棵猪笼草这样的罐子植物，都能够耐心等待许久许久……在食物没有进入有效的捕猎范围内之前绝不发起无效的攻击。失去宝宝的非洲狮妈妈能够连续3小时坚守在烈日暴晒下的石缝边，等待吞噬了她宝宝的巨蟒出来，尽管最后巨蟒归还给她的仅仅是宝宝的遗体……

既然智力和情感发展水平相对低下的其他与人类共同生存于这个星球的生物物种，即便仅凭本能也会发挥出其各自的"主体性"，那么，我们人类与其他生物的区别又在哪里呢？

有人说，人类拥有独有的"主体性智慧"。这种智慧的核心是：主体在选择自己的目标时能够"进行权衡"。而权衡的最高标准是：能够保障个体与周边环境（包括他人和自然环境中的其他事物）共同的可持续发展。

如果我们认可这种"主体性"，那么实际上教育的终极目标便是——发展人的主体性的智慧！这种主体性智慧应该不仅能够指导个人选择做什么，也能指导个人选择不做什么；选择的理由不仅能够考虑到个人的当前需要，还能考虑到个人的长远需要；不仅能够考虑到个人自己的需要，而且也能考虑到其他人和周边环境的需要；同时还能够充分认识和理解自己需要的满足与他人、环境需要的满足之间的关系。

如果我们认可这样的教育终极目标，那么接下来才可讨论：

1. 怎样激发合理需要？

2. 怎样鼓励使用合理方式追求合理需要的合理程度的满足？

在本书后面的章节中，我们将主要通过在幼儿园集体情境中，由教师设计、领导的音乐游戏活动具体范例分析，来尝试解答上述问题——与读者分享我们在这两个问题上的理论与实践研究心得。

第二节　人类学视野中的游戏

"游戏"是一种在自我掌控的情境中，自主选择、自我挑战、自我印证、自我超越，并不断体验自我掌控过程之流畅感的实践活动。

因此，我们有理由认为：真正能够满足主体的"发展性需要"的，使主体能够获得上述“发展性快感”的活动，才是教育所应该认可和追求的“游戏”。

一、从儿童游戏到专家游戏

1996年我在美国访学期间，从哈特福德大学的约翰·费尔拉班德教授那里第一次了解到“返回儿童的游戏场”这样一种人类学的研究思路。费尔拉班德教授不仅现实地观察当下美国大都市儿童的自发游戏以及不同年龄及阅历的儿童在游戏中的学习和成长情况，而且还深入到广大农村和小城镇拜访那些仍旧能够回忆出他们幼年时代的游戏和游戏场景、游戏经验的老年人。将传统游戏中对当今儿童生活和发展仍旧有提升和促进价值的观念和方式归纳总结出来，提供给当今需要这些信息的人们。最近这10多年，我们自己也亲身深入到除青海西藏以外各省、直辖市和自治区，去收集中国传统文化中的各种相关信息。最终发现：各种不同文化在通过对环境刺激的应变——面对挑战——获得发展——体验发展性高峰体验——坚定“应变”的自我发现、自我发展信念——更加乐观自信地面对挑战……这一游戏文化的螺旋式发展轨迹中，其“发展机制”是完全相同的。下面我们来看实例分析。

（一）应变游戏发展轨迹

“应变游戏”是高刺激性的人际互动游戏，主要激发和挑战的是人的自我实现需要。此外，这种游戏也具有高度的锻炼或实现人的快速对外部环境中的未知变化进行正确反应（即有效维护自身安全或利益）的能力。前面我们已经特别强调过，即便是在假想的追捉或克制游戏当中（小鸟吃小虫，小虫必须快速逃离或装死不动等），婴幼儿也能够迅速克服对“想象中的安全威胁”的恐惧转而主动投入游戏，那至少部分是因为能够在其中体验到成功维护自身安全的“自我实现高峰体验”。这种体验，与经验丰富的成人户外运动（潜海、登山、行走沙漠、高空跳伞等）“冒险家”所宣称的“危险是一个大玩具”的看法，是没有什么本质上的区别的。

下面我们来回顾一下我们小时候大致都经历过的应变游戏“升级”

历程。

1. 婴儿应变游戏

1）蒙眼睛——“躲猫猫”游戏（物体恒存性探求）。刚开始玩时是成人用手或者布将自己的脸遮挡起来同时发出声音逗婴儿，接着再将手或布移开同时用声音和表情逗幼儿；逐渐转变由成人用手或布将婴儿的脸遮挡起来和移开遮挡并在此过程同时使用声音和表情逗幼儿；最终婴儿会很快学会主动自己用手或布将自己的脸遮挡起来和移开遮挡并同时在此过程中用声音和表情逗成人。

2）手的“追逃”——“虫虫飞”游戏（生存适应，自我安全维护信心）。这通常是一种伴随儿歌的手的“追逃”游戏。在中国的不同地区，对不同年龄的婴幼儿，儿歌的长度、复杂程度和游戏复杂程度有许多不同的变化。大致的玩法最初可能是：成人将一只手摊开，另一只手抓着婴儿的食指在自己摊开的手掌心中点动，同时念儿歌。最简单的儿歌是“虫虫虫虫飞！”成人在说“虫虫虫虫”的时候在自己摊开的手掌心中点动婴儿的食指，在说“飞”的时候突然收拢摊开的那只手的手掌做出将要抓住幼儿手指的样子，另一只手快速抓着婴儿的小手“逃离”，然后和婴儿一起大笑。随着婴儿逐渐长大，成人的手会改为手掌心向下，婴儿独立将自己的食指顶在成人的手心下面；以后婴儿或更大一些的幼儿还能够学会担任“抓”的那一方，让成人担任“逃”的那一方；最后还会发展成许多幼儿将食指顶在一个成人的手掌心下面，或幼儿和同伴玩这个游戏。

3）“指五官”游戏——“鼻子鼻子……眼睛！”（根据不能预知突然出现的信息进行快速反应）。最初的玩法可能是：成人用手抓着婴儿的食指放在自己或婴儿的鼻子上，说“鼻子鼻子……”，在拖长音之后，突然说出一个五官的名称，然后迅速将婴儿的食指移动到语音指示的那一五官上去。以后婴儿逐步能够学会独立跟随成人的语音指示，自己来完成动作反应；再后来，婴儿还能够学会反过来指示成人做这种反应。

2. 幼儿应变游戏

1）打手游戏——上肢的快速反应游戏。类似的游戏有许多变种。

最简单的一种是两人结伴，双方把手放在非常靠近的地方，两人同时发出指令，同时发动去打对方的手，打到对方者为赢家。类似的游戏也有许多人一起玩的，通常有许多人手相互叠加在一起，在某种儿歌或歌曲声中按节奏不断将最下面的手抽出来移动到最上面，当儿歌或歌曲结束的时候，从最下面抽出来的手应该快速击打当时在最上面的手，处在最上面的手能够及时逃离为胜利，否则击打者成功。有时候也有围成一个圆圈，所有人右手手心向上放在其右边人左手手心里，从某人开始依次用右手轻击左边人放在自己手心中的右手手心，被击者接着同样轻击自己左边下一个人的右手，当儿歌或歌曲结束的时候，最后一个处在右边人的右手应该快速击打其左边人放在自己手心中的右手，其左边人放在其左手心中的右手能够及时逃离为胜利，否则击打者成功。

2）“四散追、捉、逃”游戏——猫捉鼠，老鼠笼（通过快速奔跑以及闪移来获得成功）。

3）“固定方向追、捉、逃”游戏——丢手绢、切西瓜、开锁（通过快速对起跑信号做出反应和快速向正确方向奔跑获得成功）。

4）投掷移动目标——“打野鸭子”游戏，“掷沙包”游戏（一方通过快速预测对方可能的投掷方向、角度做出正确的躲闪反应或接收反应；另一方通过快速判断对方可能的躲闪方向、角度做出正确的投掷决定）。一般会分成不同相互对抗的小组，角色会轮流互换，被掷中者暂时退出游戏，有时可以通过同伴接收投掷物获救。被掷打一方全部被掷中便交换角色。

5）“一、二、三，木头人”游戏、“老狼几点钟”游戏、“冰冻—嗤溜”游戏——（主要通过“挑战克制力”来获得成功）不同情境中有不同的规则，有时候主要靠语言、儿歌或歌曲、音乐来指示何时运动何时克制不动，如听到说“嗤溜”时就表示可以跑动，听到说“冰冻”时就表示必须静止；有时候靠特殊角色的行为，如“老狼”回头看的时候不能动……

3. 儿童应变游戏

1）斗大——猜拳游戏“石头剪刀布”和“枪炮炸弹”；追逃游戏“人枪

虎”(人可以掌握枪;枪可以猎杀虎;虎可以猎食人)游戏的前面部分类似“石头剪刀布”,后面部分是追逃游戏,弱者一方需快速逃离躲闪。最后弱者可以有逃进庇护所、控制不动等多种简单或复杂的结束游戏规则。

2) 斗技能游戏——抓猪拐(沙包、麻将),跳皮筋,踢毽子,抽陀螺。

3) 斗智慧游戏——猜谜语,猜领袖,猜消失人或消失物。猜领袖(主要挑战猜测者的观察能力和根据观察的信息进行推理的能力)游戏的玩法是:在观察者不在场的情况下推举出一名领袖,领袖在观察者在场的情况下需带领全体游戏者不断变化动作,其他游戏者需掩护领袖,领袖也需巧妙隐蔽自己,尽量不使猜测者能够轻易发现动作变化的过程。猜测者猜出领袖为成功,否则是领袖和其他参与者胜利。猜消失物或消失人(主要挑战猜测者的观察和记忆能力)经典游戏如“树林中的小矮人”。游戏玩法是:全体参与者背对老师唱歌曲,同时自由舞蹈,老师快速藏起一人,歌舞结束后,全体转身相互观察,将被藏者姓名说出为成功。猜消失物游戏(类似魔术的一种表演方式,主要挑战猜测者的观察能力和根据观察信息进行推理的能力,相对于前面一种游戏,成功的难度更大,除非其他参与人士过度露骨地提供“自我暴露”或“出卖物品掌握者”的信息)经典游戏如“公鸡头母鸡头”,藏物者将一颗小豆握在一只手中,然后念儿歌:“公鸡头母鸡头,公鸡母鸡吃豆豆,东一头西一头,猜猜豆豆在哪头?”最后猜测者需指出藏物者哪只手中有豆子。还有一种经典玩法是参与者围成圆圈在猜测者不能偷看的前提下,由圆圈上一人掌握一件小的物品如钱币或戒指(通常是婚礼游戏),然后在猜测者观察的条件下大家开始唱歌并有节奏地做传递动作,不论手中是否有物品都要做假装传递的动作和表情,以迷惑猜测者。最后猜测者需指出谁是歌曲结束时手中握有传递物者。

4. 青少年应变游戏

1)“斗智慧”游戏——猜谜语,词语接龙,脑筋急转弯,打牌,下棋。

2)“斗技能”游戏——“攻城”游戏,玩各种球类、滑轮或滑板,跳街舞。

以上这些游戏还仅仅是现在中国城市儿童和青少年中可以看见的应变游戏形式。说这些是应变游戏，主要的理由是游戏主体每一次具体行动之前，都不能够预先明确行动的结果和进而事先采取“切实有效保障所期望结果”的相应行动；而是都必须根据前次行动后实际产生的结果尽可能迅速地决定并采取“新的可能导致所期望结果”的相应行动。因此，只要还想收获自我挑战的成功，就必须不断努力，并同时决心去冒失败之风险。而且对成功的内心期望和对失败的心理准备必须是持续存在和持续增长的。

人们常说：“因为冒险很刺激，所以才值得冒险！”但实际上，一个人“敢于冒险”，首先是对自身能力“有自信”，其次更是受“印证”自身能力和“提升”自身能力新渴望的驱动！心理学说：“动机”是“具有动力性”的“心理能量”。但从上面的分析中不难看出：这种心理能量的“生产”仍旧是以“自我实现的基本需求”作为“核心能源”的！

从人类文化发展的历史轨迹来看，各种成人的职业技能的不断发展，也都与早年儿童的应变游戏密切相关。很可能最初仅仅是通过“逗”（不太在意输赢）逐渐发展成“斗”（越来越在意输赢）。尽管哲学上往往说这种“从逗到斗”的发展已经逐渐离开了游戏价值追求的本源。但即便是这种现象，至少也证明了：整个人类对自我超越、自我实现的追求，从来都没有停止过！

5. 成人应变游戏

1）斗嘴——慢慢发展成“相声”等曲艺专业表演活动，或演讲、辩论等专业性学术活动。

2）斗诗、斗歌、斗舞——从趣味相投的家人或朋友间的小型自娱自乐聚会慢慢发展成社区内或社区间的大型竞技比赛活动和文艺交流活动。

3）斗力（掰手腕、拔河、摔跤）——从趣味相投的朋友间的自娱自乐慢慢发展成社区中或社区间的大型竞技比赛活动和体育交流活动。

4）斗手技——慢慢发展成杂技、魔术等专业表演活动。

5）斗划拳——

6. 专业“游戏”

1）艺术创作——文学、音乐、舞蹈、戏剧；

2）体育竞技；

3）科技创新；

4）职业技能竞技。

以上列举的各种现象，不管是幼小婴儿的找寻或追逃游戏，还是专业人士的职业创新劳动，相信只要大家仔细回顾一下自身的生活经验，都一定不难理解：古往今来，人们之所以乐此不疲地不断发明、发起和投入这样或那样的活动，其背后追求的主要目标中至少有一个是恒久不变的，那就是通过不断的自我挑战，将自身的潜能提升——发挥——展现出来，以获得主体自己认识和赞赏“新自我诞生”的高峰快感。

二、从自在、自主到自我完善

（一）民间音乐游戏与生活——玩动作，玩声音

1. 餐桌游戏

1）歌唱游戏——餐桌上的歌唱游戏，其快乐来源首先是：通过演唱能够被公认“听得懂”的“积极意义传达”的方式来愉悦自己和在场的亲朋好友，通过我能“逗”——我成功——我能干——我会更能干，来实现心理动力运行机制。其次快乐来源是：通过即兴演唱不断变化的歌词或曲调（具有更多创新意味和独创水平的，具有更高级技巧和审美意味的形式内容）来愉悦自己和在场的亲朋好友，并展示对自身文化原有水平甚至是群体文化原有水平的超越性自豪感，通过我能“斗”——我成功——我能超越——我会不断超越，来实现心理动力运行机制。

2）传递游戏——餐桌上的传递游戏，其快乐来源首先是：简单动作的快速应变反应，如类似“击鼓传花”形式的游戏——鼓声停止“花”落谁手，谁就要回答问题、表演节目或按其他人要求做娱乐大家的事情；其次是“猜传递物”在谁手里一类的游戏（有的地方习俗在婚礼宴席上会传递婚戒），在这类游戏中，猜测人和传递人已经分化为不同阵营，相互之间

将会有更多的“智斗”较量；再次是“传递语言”信号游戏，如“海盗船长”，每人说一个字，最后说“长”字的人要立刻站起来做出用单筒望远镜了望的动作，并同时发出一些古怪的声音，另外“船长”两边的人要立刻拿起筷子做出划桨的动作并发出划水的声音，不能够正确反应的人要接受“惩罚”——喝酒、吃菜等。从上述这类游戏经久不衰的历史事实中不难看出：自我实现仍旧是“游戏动力”的基础核心。

3）玩弄身体、食物或餐具的游戏——同样也是为了超越吃饱、吃好、吃营养这样的餐饮目标——满足基本生理需要；超越我们大家在一起不会孤单寂寞——满足爱、归属与相互尊重基本社会性需要；以非日常、非寻常的方式借用自己的身体部位、现场的食物或餐具来展现自己独特的玩弄物品的动作技巧——以通过“探索”或“炫耀”新的处理这些寻常事物的可能性的方式来达成获得追求“自我实现”高峰体验的目的。其中许多的探索、创造的尝试慢慢转变为专门性的聚会游戏，最终又逐渐转变为专业的艺术表演形式——我们至今仍旧可以在许多社会文化生活场景中看到这种演变轨迹的信息碎片。如：云南南涧的彝族文化中至今仍然保留了聚餐时候“跳菜”（用载歌载舞的方式将食物传送到餐桌上）的习俗；维吾尔族音乐、舞蹈专业表演中使用的“木勺”和“磁盘”，内蒙古歌舞表演中使用的“酒盅”、“饭碗”和“筷子”，山东快书中使用的“金属板”——最初是羊肉吃过剩下来的“羊肩胛骨板”；美国东海岸港口渔民说唱游戏中至今还在使用的“鱼骨板”等，似乎都与上述原始的餐桌偶发物品玩弄游戏有着千丝万缕的渊源。

4）斗智或斗技游戏——随着人类智能的不断发展，餐桌游戏中“斗智或斗技”的水平以及需求也日益攀升。我国许多不同民族的传统文化生活中至今仍旧在节庆聚餐和接待客人时即兴演唱“劝酒”歌以表示待客的真诚；中国古代经典《红楼梦》中也有许多处精彩的餐桌文学游戏描述。前面已经提到过的从简单斗嘴（至今我们仍旧可以在从 3 岁幼童直至 18 岁青年的自由交谈中观察到这种纯粹共谋的“逗—斗嘴”取乐行为）开始，随后日益“升级”为高水平“口头文学竞技”活动——如斗诗、斗歌、斗“对对联”、猜谜等活动；从简单偶发动作技能探究活动开始，随后日益“升级”为高水平“运动竞技”活动，如斗舞、斗“手技”（从儿童游戏“抓子儿”到专业杂技表演的“扔技”）、斗“力”（从儿童游戏“挤油渣”、“掰手腕”到“拔河”再到专业体育竞技的摔跤、拳击）；从简单斗酒量开始，随后发展成的斗“酒令”；以及许多含有斗智力、斗体力、斗“胆量”（冒险精神）的各种体力和心智的“较量”，其核心目标最终仍旧指向了人的“自我实现追求”！

至今在我国的许多地区，普通民众依然相信：在这些游戏中表现出更高智力、体力、技术发展水平的人，应该是优先考虑的结婚对象。因为，这样不仅能够获得“现实的占有”——获得以“婚姻对象所有”为已有的自豪感，而且将更可能保证后代在这些方面的发展优势，获得“更永久的占有”——获得以“子女所有”为已有的自豪感。

另外，我们再来看一个湘西苗族的传统餐桌游戏，其中包含上述多种的自我实现因素：由一主持游戏者即兴歌唱各种祝福或逗乐的歌词——追求表演能力和创新能力的展示以及提升；全体参与餐饮人员两两相靠和谐默契地随每一个乐句做左右摇摆或前后仰伏运动——追求与音乐以及与同伴和谐一致的能力的展示以及提升；当主持者突然发出代表行动指令的吆喝声时，同伴中一人能快速将另外一人身体下的草垫抽出——快速应变能力的展示与提升；能让对方坐在地上者为“胜利者”——获得成功和自我认可的高峰体验；“失败者”会被主持者或专门人员用锅底灰在脸上“打扮”（画出纹路——画者有机会展示和提升创新能力）——通过公认的游戏行为意义“以示祝福”来维护和建设和谐的群聚性状。

2. 劳动现场游戏（食品制作、工具或装饰品制作、按摩……）

1）歌唱游戏（玩弄嗓音和智慧）——在生产劳动过程中演唱劳动歌曲是一种世界性的文化现象。最初人们歌唱的目的可能更偏重于增加人际配合的协调一致性和增加自身动作的韵律性，以减少不必要的精神、体力消耗。随着人类智力的不断发展，其中的智力挑战和智力自我实现的成分不断增加，其中的一些部分逐渐分化出来，成为仪式活动和专业表演活动来源的一支。在许多文化中，成年人甚至还通过向未成年人教授这些歌唱或即兴歌唱的技巧来提升他们参与社会竞争的素养，这些素养不仅包含歌唱或即兴歌唱的技巧所体现的聪明才智，而且还包含歌曲内容中所负载的各种社会生产知识和社会生活知识。

2）运动游戏和奏乐游戏（带着欣喜体验沉迷于反复玩弄身体、自然物或工具的过程）——敲击石头、椰壳或竹棍以驱赶侵害劳动果实的野兽；敲击石臼、木桶或“晾晒场”的地面等以便将带种植物的皮壳与可食用部分分离；投掷泥团、雪团、石块驱赶或击打猎物……在人类发展早期都是生产劳动的行为。但随着人类社会的发展，人们不但发现其中的身体律动规律和音响律动规律可以愉悦身心，还发现通过这种发明和创造能够体验到社会尊重和自我实现。于是在人类有了更多剩余生活物质和闲暇时间时，通过假想扮演再现这些行为以获得专门的游戏快感的自我娱乐甚至专业表演活动就逐渐分化出来。

我本人就比较原始的奏乐游戏这个现象有过下面三种亲身经历。首先是十多年前我在福州的经历：某天清早走在一条比较老旧的街道上，街道两边散布着若干家卖传统地方早点的小型饮食店，店铺中的面点师傅都在使用类似木锤的工具敲打制作被称为“燕皮”的材料。从每个店铺中传出的敲打声都各自和谐、铿锵悦耳，从不同店铺中传出的敲打声也都此伏彼起、相互呼应。这些声音共同构成了整条街道的“木质打击乐交响曲”。我自己凭直觉认为这些面点师傅是有自我和谐以及相互和谐追求的。

其次是近些年我在云南、广西、贵州、四川、陕西、山西等地旅游的经历：在不同小镇的街道上，许多制作银饰的工匠在自己店铺门口敲打他们手中的银条银片；许多制作木盘、木勺、木制面具的工匠在自己店铺门口雕刻他们手中的木器；许多石匠师傅在专业工厂或工匠在自己店铺门口将他们手中的石材雕刻成石阶、石板、石狮、栏杆、墓碑以及花盆、花瓶等产品；许多家庭妇女聚集一起用各自手中的竹编漏勺在烘培“油茶”的大铁锅中击打，以便让各种调料的物质和香味能够更好地融合到一起……所有这些共同劳动的过程中，都能够产生出与上例类似的自我和谐以及相互和谐的音响——尽管这些共同劳动者生产这种效果自觉意识到底有多明确，一直仍旧是我个人想要了解的。

最后是最近我在所住社区足部按摩店的经历：在那里，我有幸认识了一位手艺高超，深受顾客喜爱的男性按摩师。我向他请教：在哪里学习，怎样接受训练，为什么击打的力度、发出声音的音色会有那么多韵律感和细腻变化——甚至就好像一首首篇章结构完整、有始有终的乐曲。他告诉我说，他们在扬州传统洗澡堂学艺的时候，有不少师傅和学徒就是边听或边哼唱音乐边练习的。正常在大众化的公共浴室工作时，往往一个休息室会有八九甚至十来位技师同时为不同客人服务。技术高超的师傅们会有意使用即兴创作的敲击音响呼应彼此，交流感情，切磋技艺。在场的人，无论是同事、徒弟还是客人，只要会欣赏，都能够享受到这些合作“演奏”出来的非常好听的“音乐”。后来，我又多次请教按摩行业的资深技师，也得到了类似的肯定回答。这些“求教”的结果至少部分证实了：普通人们生活中的这种创造性“演奏”活动的主体意识引导性的确是存在的。

另外，这种拍打自己或他人身体以求产生具有韵律感的“身体动作流”和“声音音响流”的人类行为，在世界各地的许多文化中都有类似的存在方式，尽管它们产生的渊源不一定相同。如：在我国福建的泉州，现在还可以看到一种在“踩街”活动（节日游行表演）中，就有一种专门由男性表演的“拍胸舞”。非洲许多传统文化也存在这种身体拍打舞蹈；苏格兰、俄罗斯、印度等不同地区的传统民间踢踏舞和现代美国黑人的街头踢踏舞——主要以足部顿踏地面发出丰富而复杂的音响；世界著名音乐教学体系——奥尔夫体系中声势表演活动；以及美国当代刚刚兴起的身体打击乐演奏表演……这些也都可以看成是：人类在早期劳动现场偶然发现的自我娱乐活动中，产生自我实现的意识，并就此不断追求自我超越的结果。

3. 娱乐现场游戏

自娱与娱人——当然,这些劳动现场游戏也经常会演变成为专门的娱乐现场中的游戏。如海南有一种青年男女在专门的娱乐社交活动中玩的相互投掷泥团的游戏。最初是在水田劳动过程中,随即将拔除的杂草和泥巴拿来相互投掷逗乐的偶发活动。后来可能因为这种活动能够增进参与活动者之间的亲密感,就逐渐发展成在节日休息的群聚时间中,专门挖塘灌水和泥。像现代的游乐场一样——做好相关准备,提供条件让男女青年前来相互投掷泥团,成为专门性的群聚娱乐项目。

4. 仪式现场"游戏"性质的异变

在人类智慧和人类社会生产力发展到一定阶段以后,人们才意识到:需要供奉哪些能够让自己高兴的东西去愉悦"神秘力量"(认识到可能有神秘力量存在和神秘力量的不可抗拒的影响力,这本身就是人类当时智力进步的一种表现),于是,就慢慢从自娱游戏中发展出来娱神与供奉仪式的表演程式。另外,远古时代,在出发捕猎或作战之前,在假想的捕猎和作战情境中"演练",可能对于提高真实操作的实际效果具有一定的作用;在结婚、送葬、迎接新生命等群聚仪式行动中,对于族群人心的凝聚具有一定的作用。在当时的人们逐渐认识到这些仪式活动的各种可能争取到的重要价值以后,从真实生产生活劳动中偶发的自娱游戏行为逐渐分化出了各种仪式活动中的歌舞乐剧四位一体的综合表演形式;而这种表演又在一个漫长的历史阶段中,逐渐分化出了专门的社会秩序操演仪式的表演程式。再其后,许多活动越发展,离游戏的自娱性、自由性、自我实现追求就越远,甚至最终发展成了某些不是由人来控制,反而是控制人的"异己"的东西。

(二) 传统民间游戏者的"价值自觉"

民间游戏作为人的世界观的一种外化反映,从内容到形式都无不透露出游戏创始人和游戏选择人的价值取向。作为教育工作者,我们研究游戏、选择和设计教育游戏,首先就必须面对价值的追问!下面,让我们把自己当作一个谦虚的小学生,看看普通的老百姓是怎样来看待各种游戏中的自我教育价值的。

1. 与自己和谐

这几年我外出讲学的一件重要附带工作就是对当地普通市民的“广场歌舞自娱活动”状况进行调研。有时我在旁边观察；有时我参与其中活动；有时我和其中的参与者交谈。通过一次次反复接触这些参与者，我觉得自己被一次次“洗脑”，越来越赞同他们的价值追求。

首先，他们的热情投入是与他们对身心健康以及健康的生活方式的认识有关的。特别是老年参与者，他们甚至经常会对像我这样的陌生人“现身说法”：一跳舞就什么病也没有啦！我一天不跳心里就空落落的！几天不跳就浑身酸痛也发哮喘啦！我一听到街上锣鼓响脚底就痒痒！不为什么，就为图个天天健康快乐呗！这可比天天窝在家看电视要强！

其次，他们参与是为了群聚——享受“在一起”共同活动的气氛，那里面有爱、归属和相互尊重。我在辽宁的大连、内蒙古的赤峰、陕西的延安、米脂观看当地的老百姓跳大秧歌，少则二三十人，多则四五百人，无论人多人少，参与者往往都是非常认真地投入其中，手绢、绸扇、花伞甚至还有其他道具行头，都看得出是进行过准备的。米脂人甚至人人都为自己的道具专门缝制了清一色的黑色布袋，一到傍晚就从县城的四面八方往文化广场聚集，7点钟一到，“哗”地一下亮出“家伙”，广场就立刻变成了手绢、绸扇、花伞的海洋……

当然，许多参与者也并不是特别在意道具或动作是否正规，只要能够踩着鼓点，甚至只要能够跟着大家一起走走，也就心满意足了。在观察现场，我就多次看到挥舞着手包、手机、报纸甚至一根柳条的自得其乐的舞者；一边要跳舞一边还要照顾幼童（背着、扛着、抱着、拖着）的舞者……

从上面的实例来看，大多数参与者的基本价值取向是：运动、健康和群聚。当然，音乐、舞姿、队形、服装、道具等带来的审美快感也是重要的快乐来源。

这几年我外出讲学的另一件重要附带工作就是对当地的民间音乐舞蹈传人进行专访。下面我要和大家分享的是与“自我实现”价值追求更为密切的实例。

2005年秋天，我访问了广西壮族自治区的一个瑶族山寨。当地的幼儿园老师告诉我说，那里的村长——白裤瑶鼓王会跳一种非常复杂的木鼓舞，于是我便向这位鼓王讨教这木鼓舞的跳法。他演示给我看后，我询问他：是否每次变化的第一个动作"鼓棒对击"是自上而下、从前到后的顺序，每次不变化的第二个动作就是双手同时击鼓，第一、第二种动作一直交替进行？他告诉我，我的看法是对的！在2008年秋天我在湘西采风的时候，土家族摆手舞的传人也明确认同："对，每次都要有这个！"也就是说：摆手舞之所以叫做摆手舞，就是不管你在动作组合的A部分做了什么动作（变化性动作），每次做了以后都要在组合的B部分重复做摆手的动作。当然，摆手动作从简单到复杂可以有单摆、双摆、回旋摆等。由此可见：虽然不同的传人本人不一定能够使用我们的抽象语言告知我这样的规律，但他们实际上是了解这一规律，并能够按照这一规律舞蹈的。正因为他能够掌握这样的规律，而其他人不能，他才成为了鼓王！舞王！歌王！受到社会尊重并获得自我认可！

2008年秋天，我拜访了湖南湘西苗族土家族的几位传统文化传人，他们让我学习到许多传统音乐舞蹈的新鲜知识；但令我受启发最大的却是村书记夫人——一位不识字的50多岁的中年土家族妇女。当时因为村寨里能够为舞蹈伴奏的乐手都去参与旅游演出了，而专门被邀请前来为我们介绍土家族摆手舞的70多岁"国家级非物质文化遗产传人"自己并不会演奏。正在尴尬和遗憾之时，这位当时正在现场晾晒稻谷的普通农家妇女自告奋勇地站出来说："不要紧，我会念！"最终，在她"自学成才"的土家族摆手舞"嗓音锣鼓经"伴奏下，我们不但得以欣赏和学习了精彩的土家族摆手舞，而且还认识体会到了其中许多重要的价值观。尽管这位妇女没有"国家级非物质文化遗产传人"这样的社会认可"头衔"，也没有其他什么诸如村寨"舞师"、"舞王"之类的头衔（社区认可"荣誉"），但一句质朴而且自信的"不要紧，我会念！"，便把她的自我认可，以及在这个帮助我们的具体事件中获得的自我实现高峰体验，表现得淋漓尽致。我的确是真正从心底感激她、敬佩她！可也许她并不一定能体会到我的感激和敬佩，也不需要通过我的感激和敬佩来获得自我实现的高峰体验。临离开村寨的时候，我们再次经过村书记家的门口，她婆婆——刚才一直在为我们忙饭的70多岁老人家探出半边身子笑着对我们说："来看摆手舞？早不告诉我，我也会跳的！"看，即便没有机会参与展示，那自豪感甚至也是可以感天动地的！

在湘西采风期间，我有幸认识了龙启忠老师。他是一位54岁的苗族幼儿园男教师。他1972年师范毕业后一直在家乡从教。为了更好地利用本民族文化传统中的优良教育资源，他不但收集整理了大量关于苗族鼓舞的传说、音乐和动作，还创作了许多新的苗鼓音乐、舞蹈和表现苗族儿童新生活的优美歌曲。他告诉我说：在传统的苗鼓表演动作中，主要是以农事动作和日常生活中的一些动作为基本动作。如"美女梳妆"、"农夫插秧"、"挖园种菜"、"纶麻纺纱"、"巧妇织锦"、"三娘推磨"、"砍树锯木"、"采摘桐茶"、"照镜看花鞋"等。苗族鼓舞实现了舞蹈与体育的完美结合，有人还将它归类为特殊打击乐。其设备简单，场地不限，背景自然，益处甚多，是城乡民众祛病强身，丰富生活，活跃文化，促进团结的简单有效的活动。

从龙老师提供的这些珍贵信息中，首先我更深刻理解了普通人民群众对遗产活动"源于生活、归于生活、为了生活"的信念，反思了当下艺术教育远离生活的弊端，同时也更进一步认识到：生活总是变化的，生活总是各自不同的！因此，真正好的艺术，应该是源于各个"独特的"具体人或人群的"不断变化"的生活的。如果脱离了具体人的真实的"独特的、变化的"生活，"那就没有意思啦！"（龙老师原话）换句话也就是说：只有通过个人不断整合现有的各种生活和艺术经验，不断创造出新的生活和艺术经验，生活才有意义，艺术活动才有意思！为印证这一点，龙老师还特别请来他的学生（一位初中女孩），与他一起表演了反映生活逐渐富裕起来的苗族小姑娘在镜子（苗鼓当作假想的镜子）前面梳妆的鼓舞，并自豪地告诉我们其中哪些动作是传统动作，哪些动作是改编动作，哪些动作是全新的创作动作。另外，他还独自用他的自制组合乐器两锣两钹一鼓（鼓不是"土家族打溜子"的乐器）为我们表演"土家族打溜子"某乐曲片段和即兴打击乐小品，并介绍和演示了他如何将土家族"打溜子"的一些节奏、技法元素融入苗鼓舞的伴奏，让伴奏音乐变化更加细腻丰富，更加具有新颖性和时尚感。

无独有偶，我在广西白裤瑶村寨采风时，当地"传人"告诉我说：以前，本村寨铜鼓的演奏只有一种节奏，后来山区通了交通，村寨之间有往来，现在本村寨铜鼓的演奏至少有了 3 种不同的节奏，演奏的时候可以轮流或交替演奏甲、乙、丙村的节奏，奏起来、听起来都再不那么单调啦！我在湘西采风时，结识了一位聪慧的土家妇女，在教给我们 14 种表现他们传统生活的摆手舞动作如"烧荒"、"点种"、"收谷"、"纺纱"、"品尝豆酱"、"拍击蚊子"、"水牛斗架"等后，还特别叮嘱我说："这些讲的都是我们过去的生活，你们回家以后可以加上你们自己的新动作，讲你们自己做的事情，你们自己的生活！"

她的这番话不但让我十分感动，而且也让我十分震惊！继而又让我为自己的震惊而感到羞愧：我们这些做专业教育和专业教育研究工作的人，现在听了这些所谓"原生态文化"中普通老百姓的朴素的话语，如果真正仔细来品味一下，难道还不能够认识到，今天我们许多所谓现代科学的教育理论和他们谈论的不是非常近似的问题吗？而且，如果我们还认为他们的文化比较原始，那么几千年过去了，对于"什么是好文化、好教育"的看法似乎不过就是"原地打了几个转转"，转来转去，还是在"过各人自我发展、自我现实生活"这个终极价值上面！

"我们在这里面也就是逗个乐，不逗就没有意思啦！"（这是在大连观看街头扭秧歌活动时，用舞蹈动作邀请我参与的一位 70 多岁老奶奶的原话。）在这里，我认识到的首先是以她为代表的这些自娱舞者的态度，而在这种态度的背后，我体会到的是他们对于跳舞、对于生活的信念。假如我们认可游戏首先是一种态度，那么这种态度以及在其后面的信念就经常会引导你用一种游戏的心态来感受你正在经历的事件。

二十年前，我在北京参加一个“奥尔夫培训班”。第一天和来自河南的另外七位同行同宿一屋，结果由于室友中有多人打鼾而一夜未眠。第二天早晨，室友中一人前来抱歉，并调侃说她们的鼾声可以被当作是一首非常特别的交响合唱曲，还当即即兴“模仿”了一番。听了该室友的“幽默解释”和“再创作表演”，我的心情和心智豁然开朗，当晚我便在欣而赏之的心情指导下，真诚领略了室友们专门为我一人演奏的“鼾声交响合唱曲”，并同时也享受了香甜的睡眠。后来，我不仅学会使用同样的信念指导自己去欣赏所有打鼾室友的“恩赐”，而且还学会了欣赏在酒店、餐馆中那些旁若无人地“行酒令”人们的“表演”，并学会了在其他嘈杂的公共场合享受自己的倾听“嘈杂中潜在和谐”的愉悦。

2007 年我在上海参与一个培训。培训师让大家学习两两结对尝试玩一种亲子间玩的身体接触音乐游戏。一对被邀请展示的受训人员被老师指出：没有理解到活动的“真谛”。于是他们反问老师：问题是出在歌词，曲调，节奏，还是动作模仿的精确性？教授随后的示范和解释让我们大家最终认识到：无论是歌词、曲调、节奏、动作的变化，还是速度、力度、音色、表情的变化，所有技巧的使用最终都只能是指向“逗你玩玩儿”的。如果你缺乏这样的信念，你的行动就不可能形成具有良好“逗”的整体统一功效。

2008 年 10 月我来到湖南湘西采风，驱车七八个小时赶到芙蓉镇，想要欣赏土家族传统打击乐“打溜子”表演的风采。之前因介绍人告知“非常好玩”，所以特别地向往。可是当最终看到表演的时候，却有点失望。向导为此特别解释说：因为天气炎热，表演者工作了一整天，非常辛苦，刚刚休息，又被请出表演，体力精神都十分透支，没有“逗”的余力了。表演者丧失了“逗”的欲望。观赏者又对作品所讲述的内容情感不甚了解，自然也就无法体会到“被逗乐”的快感了。

2009 年夏初，我知道自己得了糖尿病，日益感到我不再应该仅仅是作为一个音乐舞蹈教育的研究者，而更应该同时成为一个参与者、受教育者和受益者。因此，每逢外出讲学，我都尽可能先打听当地何时何地会有何种群众自娱活动。这一天，我清早在三门峡市的宾馆起来就立刻赶往外面的马路，因为前一天已经了解到清早将有多个不同群体在那里聚会。果不其然，宾馆大门前面正有一名男性老者在带领大家跟随各种时尚音乐跳自编律动操。我一边跟在后面手忙脚乱地模仿，一边注意到：马路对面一群鹤发童颜的老头老太正在排成一个圆圈，一边大声数数，一边为排在自己前面的人拍打身体。每完成一种拍打动作和部位，都会前仰后合地放声大笑一小会儿，然后再转换另外一个方向（顺或逆时针）。看着看着，我不禁生出感叹：这才是教育应该追求的最基本的状态！

2007年我去台湾参与一个交流活动。在一个雕塑博物馆里，我迷恋上一尊中国武术造型的大型雕像，虽然当时我实在说不出那雕像为什么让我迷恋。离开时，我请人给我和那尊雕像拍了一个合影。照片洗出来后，我自己怎么看怎么觉得"别扭"——似乎自己的状态与那雕像一点儿也不协调！2008年我在湘西观看土家族"传人"演示摆手舞的时候，突然顿悟：那雕像的神态是那样安详，几乎完全只关注自己的内心而并不关注外在。这又使我联想到中国的太极拳，这是一种由内修身心的人生观引导下的身体活动方式。而我自己过去，一直是只关注外在的表现和周围对我的表现是如何反馈的。仔细回想这些年观察普通群众自娱活动的经验，参与者在大多数情况下是出于"自在"状态下的，在某些特殊需要交流的情境中，会有逗乐、引导、邀请、分享的状态；极少数情况下，才会有竞技或炫技的状态。在充分认识和宽容对待多元价值的今天，作为普通艺术教育工作者，我们不是要简单地采纳或摒弃什么价值，而是需要不断反思：在我们通过艺术教育活动引领儿童发展的过程中，怎样将各种活动组织成一个和谐的整体，以尽可能帮助儿童在未来能够不断维护和发展自己的健康价值体系。

2009年12月我再次来到湖南长沙，观看打溜子教学活动"母鸡争蛋"。虽然两位老师已经竭尽全力地表演母鸡生蛋、自夸、争吵比输赢、和好相互夸赞对方，可以说是全心全意地"逗"了，可是幼儿们并没有真正被“逗”高兴起来。参与的同行分析，可能是因为幼儿的认识水平和情感倾向，离母鸡的种种心情太遥远啦。2010 年 2 月，我收到了湖南发来的打溜子教学新教案，活动名称已经变为“小狗看门”，故事情节是依照“看见坏人——试探坏人——追咬坏人——赶走坏人”展开的。我一看见这样的重新选择就立刻意识到：这才叫做“贴近了幼儿的认识水平和情感倾向”。并相信，作为互动式的乐器游戏活动主题，无论是教师互逗、师幼互逗、幼幼互动或亲子互动，都一定会产生不错的激发效果！

2. 与他人和谐

“每个人都是一样的”这句话在学校教育情境中，没有人会否认，“人人都有能力学习，人人都有权利学习”这样理解是必要的！但在我国真实的学校教育情境中，对这一理念的践行，却实在不够理想。

1996 年我在美国堪萨斯大学进修时，曾经参与过当地的社区居民社交舞会。除了当地居民中的一些社区活动中的成年积极分子以外，许多像我这样的外国客人以及年幼儿童都是完全不了解应该怎样做的。但是，无论是七八十岁的老者，还是成人怀抱中的婴儿、需双手扶持的学步儿；无论是熟手，略知一二者，还是完全懵懂者，几乎都能够在舞蹈教师（舞会主持人）清晰优美的指导下轻松愉快地参与跳舞的过程，全然没有那种不知所措的紧张感和自惭形秽羞愧感。我自己当时印象深刻的两个舞伴，一位是 80 多岁的老爷爷，一位是 11 岁的小小少年，无论和他们哪位一起舞蹈，我都能够体会到男伴对女伴的尊重、呵护和引领。其他成年男舞伴自然不用赘述。2009 年 5 月我在奥地利扎尔茨堡莫扎特音乐学院奥尔夫研究所甚至看到那里的教师为一位高位截瘫只有脖颈部位可以运动的音乐学习者专门设计制作了一顶挂满风铃的草帽，作为她的个性化乐器，为全体参与者共同创作表演的歌曲《秋天》演奏表现“风歌唱”的间奏部分；而另外一位除了五官全身都不能动的学习者，则可以通过观看其他人表演和感受同伴对自己的抚摸来学习和享受音乐。以上这些是所谓精神文明高度发展的发达国家的先进艺术教育典范。

下面来看在我国普通群众自娱场景中类似的理念和实践。在延安、米脂、大连、赤峰等地观看当地群众的自发、自娱的大秧歌，总是让你能够体验到一种高度自律、高度自由、高度和谐美好的"秩序感"。和我在美国堪萨斯所经历的情境一样：无论生手熟手，无论男女老幼，无论当地人还是外来客，你随时随地都可以自由地加入或者退出。只有一种情况例外——人太多的时候就不能再进去啦！在延安，我就在场地入口等待了一小会儿，然后就有维持秩序的人和蔼地邀请我：现在你可以进去啦！

在米脂，政府专门修建的群众文化广场非常大，跳大秧歌的场地撒开跑也至少可以容纳五六百人，边缘还有台阶，三边20多层的台阶站满了也可以容纳至少上千观众，台阶顶部又是小型的广场，乐队就在正面的小广场上。我们这些观看者站在台阶上，不断会有舞者招手邀请你下去参与。当我进入到舞蹈的队伍中，立刻就有人看出我的困窘："跟着大家走，舞步随你自己，怎么舒服怎么扭就行了。"当队伍要转弯的时候，立刻又有人特意为我示范讲解，并安慰我说：对错不必在意。队伍穿梭在周围，可以看到许多舞姿娴熟的老年舞者，他们的状态是非常自在、自得；而那些孩子们，有骑在父亲肩膀上的，有抱在母亲怀里的，有拽着奶奶裤腿的，也有被大人推着牵着的婴幼儿；也有稍大的跟随着自家大人但显然动作表情青涩的儿童；当然也有不少少年儿童甚至幼童的发烧友，他们的舞姿娴熟表情自信，让我们这些初学者羡慕不已。

在大连，看着别人队伍十分整齐而且一对对相互照应，不知道是否应该参与进去，只能在一边旁观。舞队中间休息的时候，乐队仍旧兴致勃勃地继续演奏，一位七八十岁的奶奶舞到我面前，一面用舞姿引导我与她旋转共舞，一面和我轻松地聊起了关于跳舞的各种好处，很快我们就像老熟人那样一起说笑起来……

在赤峰，许多由中老年妇女组成的舞队后面，跟随着七八位老年男性参与者。与女性舞者服装道具全副武装全身心投入状态形成极大反差的是：男性舞者着装随便，没有道具，甚至大多数人都是双手抄兜跟着溜溜的样子，步态十分悠闲潇洒。不过也有两位先生例外：一人着平日服装手中执扇，舞蹈动作非常"高水准"，显然是位发烧友级别舞蹈"大玩家”;而另外一人则如同女士们一样身着古装,肩背上面装饰了真人大小的古装童男童女彩妆架子,就如同我们在电影里面看到过的古代节日游行般的装扮,脚下步伐也风格特殊十分惹眼。

从这样一些信息中我看到了什么呢?那就是在本节稍前部分中所说的:高度自律、高度自由、高度和谐美好的“秩序感”。这种“秩序”既不是被社会权威组织管理、约束出来的“法制秩序”,也不是被艺术权威设计、导演组织和排演出来的“艺术审美秩序”,而是参与者们自动建构、自觉遵行和悉心维护出来的“共同生活秩序”。在那里,每个人都是高度自由的,但这种个人自由又必然是与所有人的自由高度和谐的!

在湘西观摩学习土家族“毛古斯”(一种崇拜和社交仪式活动)时,让我印象最深刻的一个仪式程序是关于“扫地”的假想表演。当祭祀主持人将扫帚交给族长,再由族长教给族里的青少年(文化和生命的继承人代表)们后,族长就要与青少年代表进行一番对话,内容是需要将哪些事物扫地出门,又要将哪些事物扫进门来。虽然时代不同,内容也总会有些变化,但扫进门的事物可以是劳动收获,具体如“水牛角那么粗壮的玉米棒”,以及健康、平安等;而要扫地出门的事物过去曾经有过懒惰、偷盗、抢夺等,现在又增加了“黄赌毒”等现代需要规避的事物。总而言之,“扫地”实际上就是教后代识好歹!可见,在传统文化的仪式活动中,道德教育也经常是用游戏化表演的方式来自然进行的。

另外,在湘西土家族“摆手舞”的传统舞蹈动作和新疆维吾尔族“纳尔孜库姆舞”的传统舞蹈动作中,都有特意模仿的“跛脚走路”动作。但这两种民间舞蹈中的看似相同的“跛脚模仿”所要表达的寓意却是非常不同的!在“湘西土家族摆手舞”中,跛脚走路的动作被称为“冰口痛”,表现的浅层意义是冬天没有鞋穿造成的足部伤痛状态,而在这种自我解嘲的幽默行为中所表达的深层意义却是对“人生乐观态度”和“自身聪明才智”的一种自我欣赏、自我认可的自豪感!在新疆“维吾尔族纳尔孜库姆舞”中,跛脚走路的动作的“发明”被传说是一种“普通百姓的智慧结晶”——一种“诅咒和讥讽剥削压迫者因果报应的隐喻”。这两种动作虽然起因和含义非常不同，但其中道德善恶态度的鲜明，以及对普通民众幽默智慧的自我赞许立场却是完全一致的！

继承与创新是一个永远的话题！不管在任何时代，人们在怎样的自省水平上，使用什么样的语言来探索和讨论这个问题。因为人的本质属性之一就是不断追求自我更新，无论是作为个体还是群类。前面在人与自身和谐一节中已经谈及这个问题，而现在还需要从人与他人和谐的角度再次来谈论这个问题。

首先，作为群类的人，需要将已经创造、生产出来的文化传承下去！其次，必须站在已经创造、生产出来的文化的平台上，新的文化才能够不断被创造、生产出来！只有通过这样的对话，有限的个体才能无限延续群类自我认可。因此作为传承的手段之一，“教学”就逐渐成为人际互动，特别是“代际互动”的重要内容。

现代教学理论非常强调重视学习者的主观能动性，如用循序渐进原则来保障适当比例的成功——以培育和发展学习者的学习热情和兴趣；给学习者独立探究和发表探究发现的机会，尊重学习者独创性或原创性成果——以维护和发展学习者自我完善自我超越的人格倾向。下面我们来看看，在民间音乐舞蹈的传承实践中，有哪些值得现代教育借鉴的宝贵财富。

现在，让我们先来回忆一下相关的旅游经验：你来到一个少数民族居住的风景区，看到当地群众正在进行自娱的歌舞活动，你真正投入进去就会体验到，那些活动不会让你因为“总也学不会或学不好”而感到难堪。

为什么会这样呢？也许你并没有注意到其中的奥妙：凡是准备外来客人参与的歌舞活动，他们首先都是从最简单的内容开始的；其次他们一遍又一遍地重复，一般至少都会重复到大家能够感到舒适流畅才会改变；第三，不会对学习者的学习状况进行专门的评价和纠错，除非学习者有明确的自我纠错需求；第四，当后面内容逐渐困难起来时，感觉不再舒适的人员可以自由退出；最终，当活动进行到展现文化发展高精尖水平的表演和竞技部分的时候，他们在炫技的过程中还会保留与旁观者的目光和表情交流。在这其中隐含的教学原则是：1. 学习者自行决定学习的目标、质量和进度的原则；2. 循序渐进安排内容的原则；3. 通过充分练习掌握技能的原则；4. 不断用高水平榜样激发学习者学习心向的原则。

当然，在学习者遇到特殊困难的时候，教学者还会创造出一些具有针对性的特殊策略来帮助学习者解决困难。如：我国西南地区大多数的少数民族民间社交舞蹈都使用开放或封闭的圆形，参与者可以非常容易地跟随大家一直向同一方向移动，偶然会有两个对称方向的交替移动队形变化模式。但是，一旦使用纵队或横队的队形，左右辨别和反应的困难便立刻显现出来，弄不好就会成为影响审美流畅舒适，挫伤歌舞者学习动机的重要因素。云南某地的广场自娱群众为此创造出了一种避免上述困扰产生的策略：他们用广场两个对称方向的明显建筑物为参照标，通过由领袖按节奏念诵的建筑物名称来帮助参与舞蹈者统一动作的左右方向。如百货大楼表示左侧，邮电大楼表示右侧，念：百—货—大—楼，表示向左同样动作重复做 4 次；念：百—百—百—百，也可以表示向左同样动作重复做 4 次等。无独有偶，据史料记载，在美国南北战争时期，军队也使用过类似方法训练新兵。将新兵左右腿各系野草和麦秸，长官喊口令就不再是“左—左—左右左—”，而变成了“野—野—野麦野—”。一些现代回文音乐阅读教学游戏也有采用类似教学策略的，如从“窗户”那个方向开始，向“门”那个方向依次读过去，或相反方向读过来等。

在湖南长沙一家名为“湘西部落”的餐厅，我向一位在那里表演苗鼓的苗族小姑娘请教她们学习这种舞蹈的相关情况。她告诉我说：在她的故乡，苗鼓是被恭敬地安置在祠堂里面的。只有节庆、祭祀等重要家族群聚仪式上才会进行正规的苗鼓表演。没有专门的传习活动，如果小孩子想要学习，你可以自己向会演奏的成人提出请求。只要你想学，大人就会教你。

在广西侗族的一个保持了侗族大歌（多声部民歌）歌唱传统的山寨，

当地的“传人”告诉我：小时候她们的母亲经常围成一圈套一圈许多圆圈，大人在一起唱歌，婴儿从睡在母亲怀里就开始听歌，大一点的孩子就紧靠着母亲的裤腿站着听歌。听到少年时期就已经听了十多年了。在一个台湾民间文化研究影像资料中，我也看见“原生态”的布农族的多声部合唱，现场状态正如这位侗族“传人”所描绘的。台湾学者研究结论说，布农族人善歌但不善舞，而阿美族人善舞不善歌。尽管我没有看到“原生态”阿美族儿童参与舞蹈学习的资料，但似乎可以推断两民族优势能力差异的根源不是生理遗传而是文化遗传。有专业研究资料显示：有些侗族村寨，小婴儿一出生，她们和其他年龄相近的婴儿就会跟随母亲“以歌会友”并结拜姐妹，年龄稍长便会与姐妹一起去拜“歌师”，再大就可以参与各种成人的“以歌会友”的活动，那时唱歌就已经可以成为一种使用自如的社交游戏工具了。从上面的实例分析我们似乎可以这样理解：在原生态文化的传承当中，尚未发展形成类似今天社会的“强迫学习”的观念和行为。生活环境的熏染，对学习者需求的尊重，社会主流价值观潜移默化的影响，学习过程中只有快乐以及结果在实际生活中的“可用性”等，共同创造了亲切、宽松、自主的学习氛围。在这样的社会价值观和社会实践模式中，前面所述的四步教学方式才能够逐渐“自然产生”并成为“自然遵循”的教学准则。

前面主要讨论的是“代际互动”中的文化传承活动——教学。下面讨论这样一个有趣的问题：“人际互动”中的一些促进文化创新的特殊活动方式——领袖舞蹈、即兴舞蹈和竞技舞蹈。

在世界各地，我本人都获得了一些相关的证据，证明存在一种可以统称为领袖舞蹈的社交舞蹈特殊形式，而且这种形式与当今推崇的平等尊重，自发自觉，承担责任，以及促进个人和公共文化创新发展的教育价值有着非常密切的关系。领袖舞蹈的关键特征是：1. 社交舞蹈；2. 舞蹈过程中有人担任领袖，领袖的职责是带领大家协调一致地共舞，领袖重复动作，全体跟着重复，领袖变化动作，全体跟着变化；3. 领袖变化的速度和方式须是大家能够跟随的；4. 领袖最好能够创造出新的动作；5. 领袖的产生和更替具有以下这样一些途径——自愿者“自告奋勇”,按照队形排列或变化顺序依次轮流,超群者优秀者“能者多劳”。在这种领袖舞蹈中,能力已在发展高端又有愿望继续担当领袖者,可以更加努力地发展自己的协调能力和创新能力以进一步获得社群的认可;能力尚在发展低端但已经产生担当领袖愿望者,可以获得尝试的机会并获得尊重,在维护、发展参与和承担责任正向态度水平的同时通过反复实际锻炼逐步提升自己的能力;能力尚在发展低端而且又尚未产生担当领袖愿望者,可以通过依次轮流制度逐渐做好心理准备,并通过反复尝试和锻炼逐步提升自己的能力和正向态度水平。我已经特别注意到:在“自告奋勇”和“依次轮流”的领袖担当模式中,无论担当领袖者的能力水平如何,全体参与者都会以非常支持的态度尽力与领袖保持一致。这种“当一个好的支持者”的自觉态度和行为,实际上正是所有领袖能够在“安全”的氛围中工作的重要条件!

“文化交流”亦是一种“文化间互动”。民间文化发展过程中的这种互动,同样体现了平等以及相互尊重,分享以及相互吸纳的“主体间对话原则”。在前面的讨论中已经提到的广西白裤瑶铜鼓传人对演奏节奏型发展的态度和湘西土家族摆手舞传人对我这样的外文化学习者的“你可以做你们自己的动作”的态度也都是这种开放的相互尊重价值观的体现。有人专门研究了我国东北地区传统民间舞蹈“太平鼓舞”的发展历史。最初,研究者从不同源流的末端向历史回溯,想要澄清“太平鼓舞”究竟是“汉族舞蹈”还是“满族舞蹈”。经过艰苦而漫长的考证努力,研究者最终宣布:只能得出这样的结论,“太平鼓舞”是满汉两族人民长期文化交流过程中逐渐发展起来一种舞蹈,即便是在战争时期,战争胜利者也会将对方的舞蹈文化作为战利品吸收到自己的舞蹈文化中。由此可见,文化交流中,亚文化间的相互吸收相互融合是所有文化发展的重要途径。

3. 与自然和谐

这种“主体间对话精神”作为民间文化传统的价值核心同样也包含

在人与自然的交往互动观念和行为当中。"自然崇拜"实际上至少包含了人类早期对自然力量、自然规律的重视或尊重。在与各种音乐舞蹈起源发展有关的历史信息中,自然起源的传说中经常充满了人类对于"应如何认识和处理与自然关系"的反思。

1）在广西、湖南等地调研的时候,当地群众提供的民间故事表明:从他们的传承下来的观念中,他们的音乐舞蹈创造发展是与向自然学习、向动物学习分不开的。如"瑶族猴鼓"相传是:一位看守农田防止猴子糟蹋农作物的老人,因疲劳入睡,猴子以为他死去,用鼓乐为他送葬,因此他继续装死并偷偷学会了这套猴子发明的鼓乐。而"苗族猴鼓"的传说是:战争中一败兵逃进寺庙,碰巧猴子在庙中用尾巴戏鼓,吓退了追兵,该人不但得以安全而且还幸运地习得了这套戏鼓的舞蹈。

2）广西壮族地区广泛流传的人与自然和谐故事中最重要的内容之一就是关于青蛙的传说:相传远古一壮族女孩因嫌青蛙的鸣叫声过于惹人心烦,将一只青蛙扔进火塘,遭蛙神惩罚连年大旱,人们为赎罪,制作带有蛙饰的铜鼓,并创编铜鼓音乐和"玛拐"(青蛙)舞,向蛙神赔罪,终获谅解。从此人们代代谨记:不能虐待青蛙。

3）在十多年的民间音乐舞蹈调研过程中,我了解到:许多原生态的民间舞蹈动作都是直接起源于人们的生产劳动、生活劳作动作或自然事物模仿动作。维吾尔族的擀毛毡,制作馕,学鸭走路(纳尔兹库姆舞);哈萨克族的鹰舞、蒙古族的马舞;夏威夷原住民草裙舞上肢动作对海风海浪树木和鱼类的波浪状起伏摇摆的模仿;苗鼓套路中对从春耕到秋收整个过程的再现;土家族祭祀活动(对青少年的历史教育)中对祖先生活情境的表演等。其中不但强调向后人传递历史事实,而且同时也通过史实再现传递了社会崇尚的价值观,如:尊重爱护自然,乐观面对困难,勤劳节俭,诚信互助等。

4）贵州苗族有一种传统的舞蹈,形式为男性群舞,手持大小不一的芦笙,动作"三步一回头",表情肃穆,乐声悲怆。经过导游向当地老者求教后得知:由于过去生产方式落后,粗糙的刀耕火种方式会很快造成严重的水土流失。因此，人们不得不在不太长的时间内就要开始新的迁徙。不得不进行的迁徙和对家园难以割舍的眷恋成为非常困扰人的情感纠葛。因此，人们便创作了这样的乐舞来表达他们的无奈和哀思。

5）印第安文化中有这样的看法：大地是母亲的胸膛。因此舞蹈的时候需要光脚或穿软鞋，而且舞蹈的时候尽量不要用力顿踏地面。这一观念在现代流行音乐中也有反映，如周杰伦的歌曲《牛仔很忙》。无独有偶，在湖南采风的时候，土家族非物质文化遗产传人也告诉我，土家族人跳传统“摆手舞”的专用场所“摆手堂”——一块专用的平地，周围有矮小土墙包围，不能够用水泥等现代材料将地面封起来，必须要让上面自然长草。而且跳舞的时候不能够用力踏地，因为大地是母亲的胸膛，而母亲的胸膛是不应该用力踩踏的。

6）西南太平洋岛屿的原住民有这样的习俗，在某个季节类似节日的日子里，原住民的妇女会用自然物（植物的叶、花、果实以及动物的壳、骨、皮、筋等）把自己装饰起来，在海岸边的浅水区域围成圆圈“演奏海水”。这既是一种节庆活动，也是一种社交活动、艺术活动和娱乐游戏活动。

从以上的例子已经可以看出，今天我们仍旧应该像小学生一样向传统学习，传统文化的资源中永远都有当今音乐教育工作者可以挖掘的宝藏。

第三节　教育学视野中的游戏

一、教育是为了成就“自主的自我超越的人”

通过对参与国家培训的一线幼儿园教师的大面积随机调查并通过将此项调查结果与国外教育同行的游戏价值观（参见《教育导刊》2011年第5期张文桂的文章《国外幼儿教师游戏观列举及对我国的启示——以美国、日本、瑞典为例》）相互比较，我们发现：当下中国幼教界的游戏价值观中比较普遍存在着将游戏与学习对立，将教师的教学游戏与幼儿自发游戏相对立，将自由与规则相对立，将教育与发展相对立，将快乐与努力相对立的倾向。下面，我们将与大家一起分享的是，在国外同行更广阔的游戏价值启发下对游戏价值的重新认识。

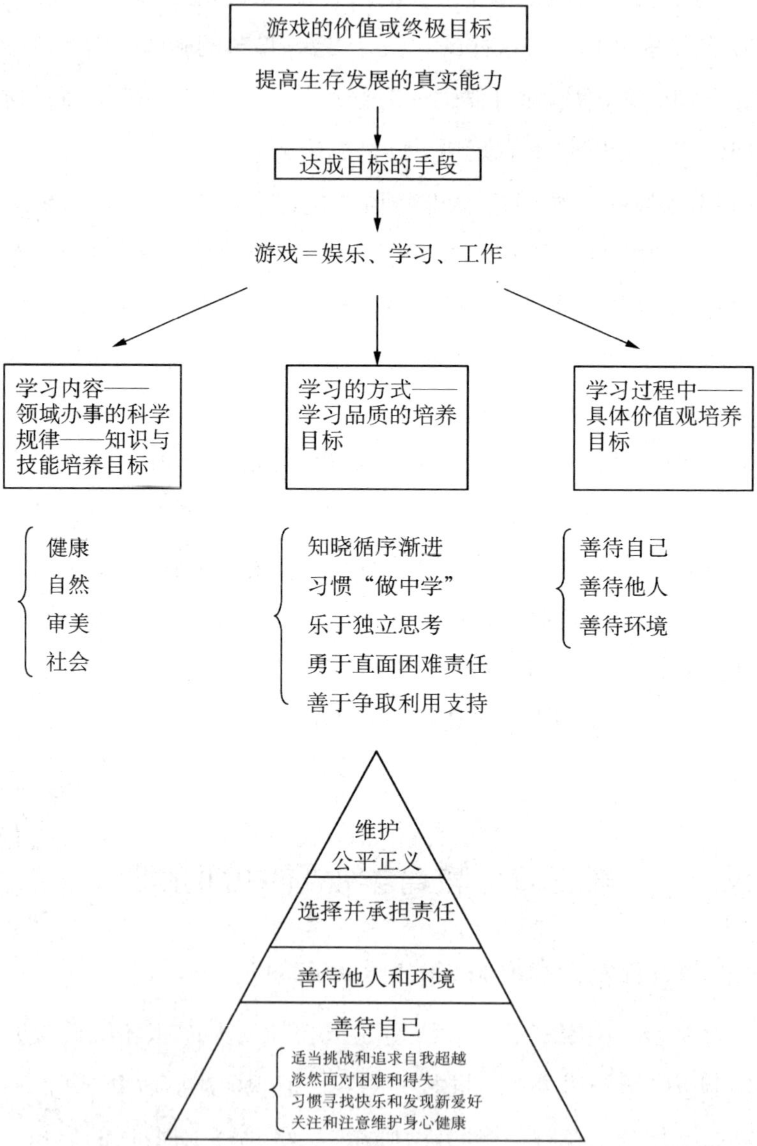

图 1－2

具体价值观培养目标可以用上面的金字塔图形来进一步具体化。

许多人看到这样的讨论，很可能会觉得这样的目标太过于宏大，小小的幼儿游戏很可能根本无法承受这样的负担。这可能正是我们对真实儿童游戏的误解。可是，只要大家平心静气地回顾一下我们自己儿时所玩过的那些游戏，就不难发现："木头人"游戏能让我们获得"定力"；猜谜游戏能让我们获得"推理能力"；"包剪锤"游戏能让我们获得"快速反应能力"以及正确对待输赢的态度和能力；"追逃"游戏能锻炼我们的各种"体能"；合作表演游戏能够让我们获得团队精神协作能力以及理解他人善待他人的能力；各种竞争游戏能够让我们养成"自觉维护公平公正的态度和行为习惯"；游戏过程中的胜败、荣辱、得失和困难体验让我们学会"淡然面对"；游戏玩耍过的物品和环境让我们学会了"珍惜"；游戏中包含的各种领域的知识技能，让我们了解了学习中"循序渐进"的重要性，坚定了"要想获得必须努力的信念"……

当孩子们在游戏中体验到"挑战与成功永远是激动人心的人生追求"，体验到游戏精神追求的自由体验就是"不断超越现实限制的高峰体验"的时候，他们自然就能够"自主持续投身于追求自我超越的实践"。

从这个意义上讲，游戏就是教育的手段，游戏应该而且必须成为儿童进行自我教育的手段。

二、"宽"也教育，"严"也教育

美国著名学前教育领域的学者丽莲·凯滋在她的专著《新手教授上路》中提供了一个关于教育工作者给予学习者不同宽严程度教育的比较图解[在该图中的"国小"(台湾学者翻译)即为我们的小学]。我本人在该图中读出信息如下：

我们既不能够像军事院校的教育那样过度苛严地历练幼小儿童，也不能像美国的小学那样忽视放任幼小儿童，当然也不应该像美国许多幼儿园那样，一味强调爱和关怀。理想的幼儿教育应该给予幼儿适当的爱和关怀，适当的激励和锻炼，适当的忽视，让他们能够独立地排解孤独，寻找快乐，发现新的有意义的爱好，努力学习并理解学习的趣味和意义。

理想型（民主型）	军事院校型（专制型）
传统型（溺爱型）	困小型（忽视型）

温暖及激励的时机、强度以及二者之间的比例——严格或严厉程度，给予压力或激励的程度。

效率——应该不仅仅是知识技能学习成果，更不仅仅是考试成绩，而是必须包含人格、学力、能力同步发展以及身心健康和谐发展。

图 1－3

注：图表中的括号内容和图表下面的注解是作者自己加进去的。

第四节　教育心理学视野中的游戏

一、一切为了“热爱学习”

有人认为：“游戏活动”是由一种内在动机所引导的活动。它更注重过程而相对轻视最终的结果。“游戏精神”主要包含：积极的“开放性”和“自我更新性”。而且正是由于这种积极的“开放和自我更新”信念的特殊性质，游戏通常总是充满着游戏主体对自己、对他人、对周边环境中各种事物的“平等对话”精神。同时由于以上原因，“游戏体验”则通常总是充满“自由感”——对客观规律“限制”的了解、理解和超越的自豪感，亦即“自我实现感”——不断自我挑战、自我超越，不断自我成长、自我发现、自我认可的高峰体验。在教育教学游戏设计实施的工作事业中，我们把这种手段与目的、形式与精神、享乐与发展高度统一的“游戏愉悦”的结果称之为——“成长快乐”！

二、“循序渐进”——永远不可忽视的“游戏化教学原则”

“一步一个台阶”和“一步一个脚印”乍一看起来似乎是两种完全不

图1-4

同的看问题的角度。前者从教育或教学角度讲的是：成人或教育者应该在儿童或学习者的最近发展区内进行激励或引导；而后者从学习角度讲的是：儿童甚至任何年龄或背景的学习者应该踏踏实实地努力，循序渐进地去掌握所学的知识技能，不仅能够了解、理解，而且能够自觉地用来解决后续的学习、生活、工作的真实问题。

但是，在真实的教学和学习情境中，教导者和学习者的这两个方面永远必然是融合在一起相互影响的。教者浮躁，学者亦会浮躁；教者淡定，学者亦能淡定！

当下，许多教育舆论倾向于“放任”，认为教师或家长随便孩子自己去“弄”，才是教育的正道，才能够培养出人格健康善于学习和创新的人才。

实际上，在现实社会中，每个儿童，甚至每个成年学习者，在开始进行某种新学习的时候，其学习的直接目的领域的相关背景知识、技能、经验基础都是不一样的，学习品质、人格品质的基础也是不一样的。这些不一样的现实条件必然会对后续的学习产生不同程度、不同结构的正向或负向的影响。教导者的职责原本就是：帮助学习者诊断障碍、制定克服障碍的计划以及选择合适自己的有效学习策略等，支持学习者有效达成目标获得全面的发展和成长的愉悦。

而“放任”舆论的问题实际上就在于：假定每一个学习者都是身心完全健康的、相关知识技能基础完备的，以及完全不需要任何社会支持便可以独自克服学习中遭遇的障碍的。另外,“放任”舆论的支持者常常选择皮亚杰先生的发展阶段理论,选择先天遗传的发展时刻表理论,否认社会学习的激励引导协助作用。而维果斯基先生的“教育应该走在发展的前面”和“社会学习理论”,不仅支持了皮亚杰先生的“发展规律必须遵循”的观点,同时也从社会生态影响作用的角度完善了关于“人类学习的社会性支持”规律的理论。中国有名言称,学习需要“站在巨人的肩膀上”。进一步的思考是:巨人的肩膀的高度不同,学习者的视野便亦不同!

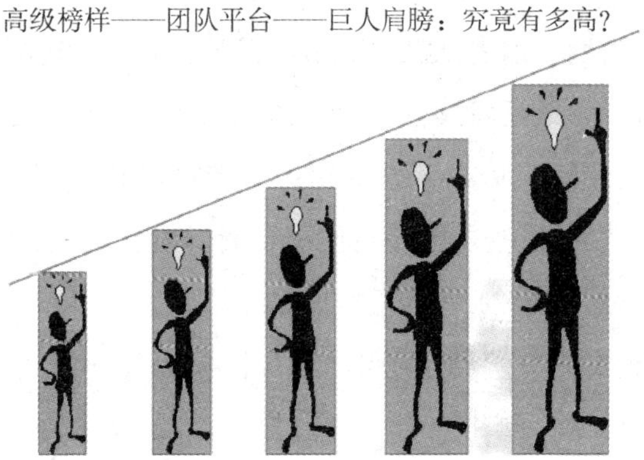

图 1－5

在前一节中我们已经分享了国外幼教同行对游戏价值特质的一些观点。其中“知晓循序渐进”是普遍认可的一种习得性价值。即便回忆我们儿时的自由游戏,分析当下的各种网络游戏、成人体育游戏、社交娱乐游戏,无处不能够清晰地看到从“菜鸟级”入门者到“骨灰级”发烧友自然成长的轨迹。其中基本上是没有捷径可以供学习者投机的。那么,我们的教育教学工作,为什么不能够实事求是地遵循“循序渐进”的原则,而非得吊着学习者的脖颈让他们“坐飞机”受洋罪呢?

在这里再次强调循序渐进的重要性,从表面现象上讲,就是努力保障学习的成功和成长愉悦感的获得,以及进一步使学习者能够维护和发展自己的“自我效能感”;而从更深远和更长远的目标上讲,就是要协助学习者发展出稳健从容的学习品质和既热烈又淡定的自我完善人格倾向。

三、用“升级”和“降级”策略，不断“逼近”最近发展区

在幼儿园工作的多年时间过程中，我们也曾经反复和幼儿园教师一起探讨过怎样才能更好地在幼儿的最近发展区内进行工作。因为在实际的教学指导现场，最近发展区往往仅仅是一个非常模糊不清的概念，但教学活动的最终目标和每一步骤的“使能目标”却是需要相对清晰甚至精确的。所以，提供以下具体策略可以帮助教师使用具体的“‘升级’、‘降级’策略”不断“逼近”幼儿的最近发展区。

人性中天生的好胜心使得幼儿教师也天生具有通过展现幼儿的成功获得“自我效能感”的倾向。这种倾向孤立地看似乎也无可厚非。但联系到日常的教育实践中，也就自然地不可避免地经常与“拔苗助长”的寓言相遇了。

所以，教师应该有这样一种有责任感的警惕性：如果你和幼儿都需要“吃力”地通过带有身心磨难的方式超负荷地努力来获得某些知识技能的话，我们就一定需要考虑作降级处理。常见：反复练习一种技能幼儿不但做不到而且还做出一脸茫然的表情。反之，如果你和幼儿都感到正在“百无聊赖”地应付当下的认知或练习——用一般小学高年级或中学生的话来说“老师把我们当弱智”的话，我们就一定要考虑作升级处理。常见：从小班一直到大班节奏练习都是拍手、拍肩、跺脚等所谓“奥尔夫”声势动作。

（一）高、低年龄班之间的“升降级”

在教学活动自身设计不错的前提条件下，如果学与教的过程中显示出师幼都明显感觉吃力的状况时，更明智的方式之一就是将活动移动到较高的年龄班，或移动到同一年龄班的下学期，或移动到同一学期的稍晚的月份。

虽然，“过易”任务的情况比“过难”任务的情况要少一些，但如果遇到这样的情况，也应该向相反方向调整。

（二）课时拆分、合并的“升降级”

在教学活动自身设计不错的前提条件下，如果学与教的过程中显示

出师幼都明显感觉吃力的状况时，更明智的方式之一就是：将活动拆分成更多的片段。我们目前习惯地称这些片段为“第某层次”。

如果一个活动可以划分成20个层次。在一个“一段式”（一个独立教学活动中仅包含一个需要学习的作品）的教学活动中，一般可能会划分为3或4个片段进行；在一个“三段式”（一个独立教学活动中仅包含一个新的需要学习的作品和若干复习巩固微小提升的作品）的教学活动中，一般可能会划分为5或7个片段进行；在一个“多段式”（一个独立教学活动中会包含若干复习巩固微小提升的作品，可能会包含1～3个新作品的接触，也可能完全不包含新作品）的教学活动中，一般可能会划分为20个甚至以上的片段进行反复接触。

以上这种思路，本身就是一种稳健的崇尚自然的顺势而动，享用过程、培养品质以及适当自我挑战的循序渐进的思路。

（三）任务阶梯划分的“升降级”

这个问题相对比较复杂，教师们掌握起来也会相对困难一些。因为，掌握这种技术需要教师具备更加深厚的学科或领域的知识技能，以及学科知识技能和幼儿学习发展与学习实际情况“对接”的真实经验。

但一般的问题处理思路还是可以粗略提供的。如记忆学习内容：歌词记忆，应该是内容的逻辑理解在先。理由是：理解记忆本身需要动机，能够理解的内容更容易激发记忆的动机；而且，理解记忆必然要比机械记忆效果好。另外，如果能够设计增加静态的图形形象和动态的表演动作，多通道的记忆也会比单通道的记忆效果好。如果内容比较多，可以拆分成若干更适宜的部分进行记忆；如果感知、记忆遭遇了速度的阻碍，还应该先降低观察、模仿的速度，然后再逐步加速返回常速。

再如舞蹈动作的感知记忆，最好也能够特别设计出特定年龄幼儿能够理解的“故事逻辑”或“数学逻辑”。舞蹈动作的技能化过程中，除了速度可以先慢后快以外，还可以通过减少动作模型中所含“不同动作的数量”，增加“单个动作重复”的次数来降低难度。

动作技能“设计升级”的总原则应该是：单个部位、一种运动方式、更多的重复次数，更少的与其他部位、其他人、其他物体以及音乐节奏以外的其他要素“相互协调”的挑战。先以这样的动作模型作为最初学习的基础模型，再根据实际情况逐渐加入其他的要素以及要素的难度，使得有足够的阶梯能够帮助幼儿逐级攀升至最终的目标模型。降级即反方向调整，不再赘述。

（四）支持四种不同学习者的“升降级”

1. 高能力高效能感学习者

在每个不同领域的学习任务面前，都会有一些幼儿属于高学习能力高自我效能感的学习者。对于这样的学习者，教师给予适合他们的学习任务后，一般不需要特别的升降级处理，他们自己通常能够在教师的一般激励和引领下通过自身努力有效完成学习任务并同时收获应该获得的自我效能感。

2. 高能力低效能感学习者

对于在特定领域或更多领域可能出现的高学习能力低自我效能感学习者，教师只需要更多地鼓励甚至激励他们勇敢地去尝试，并在他们完成学习任务之后引导他们自己反观他们完成任务的过程和结果，帮助他们不断建立对自己能力的信心和对自身努力效果的信念，逐渐矫正他们对自己的偏低评价倾向。

3. 低能力高效能感学习者

对于此种自我效能感与实际学习能力不能匹配的学习者，教师需要将任务难度分解下降到可以与其实际学力匹配的水平，再根据需要将任务难度上升的阶梯拆分成步距更小的阶梯，帮助他们一步一步扎实地按照合适于自己的速率前进。同时，教师还需要在任务达成的标准认知、有效完成任务的策略认知、任务完成的方式评价等方面进行更加具体的指导，逐步引导他们在实际学力和实际自我效能感之间建立更加和谐的关系。

4. 低能力低效能感学习者

对于此种双低的学习者，教师需要付出更多的关怀。教师除了需要将任务难度分解下降到可以与其实际学力匹配的水平，再根据需要将任务难度上升的阶梯拆分成步距更小的阶梯，一边帮助他们一步一步扎实地按照合适于自己的速率前进以外，还需要更小心呵护他们的自尊和自信，并通过帮助他们取得实际的进步以及真切地认识到自己的进步和体会到进步的喜悦，来不断真实地增强他们的自我效能感。教师可以经常跟他们说的鼓励的话语可以是：看，你不是一样也做到了吗？看，只要坚持这样努力，就一定会做得比这个更好！……

四、有效学习指导与学习者的努力倾向

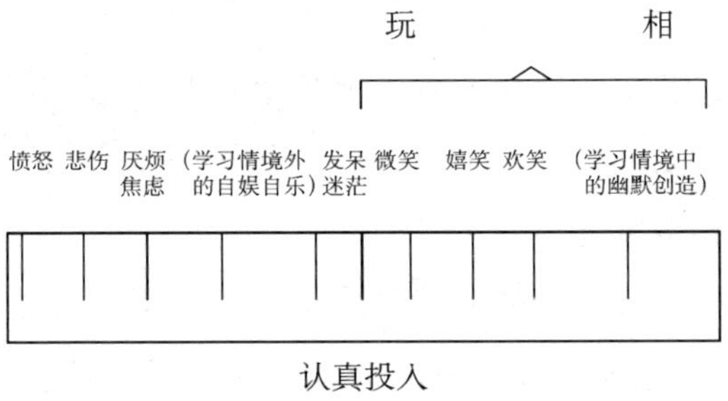

图 1－6

上图是从国外游戏研究者的“玩相”理论中提取加工出来的，主要是想给幼儿教师、其他相关工作者和家长提供通过观察判断儿童学习者是否处在正常学习状态的“标尺”。前面我们已经表明了我们的立场：正常的学习状态即是正确的游戏状态。在标尺的正中，是“认真投入”，说明最初对新内容的认知学习都必须经过认真努力；向右发展，说明学习逐渐进入佳境；向左发展，说明学习逐渐进入困境。长期的实践研究表明，如果教师指导不利，甚至因自身的教学问题反而造成儿童学习的困扰或障碍，一旦不能及时自我矫正，儿童的学习就会向左面的状态发展。前面已经说过：非循序渐进的流程设计或不适当的任务目标，往往是造成无效学习的重要因素。另外教师自己的示范—讲解、提问—反馈、引导—鼓励如果不能够达到比较完善的状态，也往往不但不能够支持儿童学习，反而会产生对儿童学习的反向阻碍作用。

另外，教学—学习的方法选择，也是非常重要的影响因素。许多教师喜欢使用长篇大论的讲解或说明，而且往往在讲解时连示范或演示都不做。观察获得的大量事实表明，这样的教学往往是幼儿“发呆”、“迷茫”状态的直接根源。学习理论的研究也告诉我们：“单纯听讲”恰恰是效率最低的指导学习的方法。

许多有识之士在不同时代都同样指出：不同参与程度对学习结果的影响效率也不同。

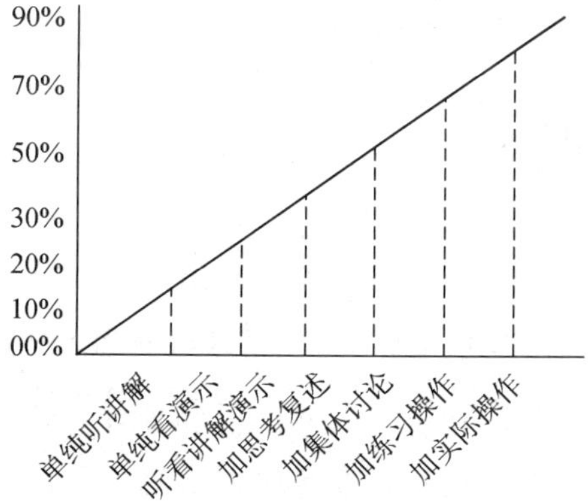

图 1－7

上图是我们根据美国学者艾德加·道尔的“学习锥”理论制作出来的。纵轴的百分数表示学习最终的掌握水平；横轴的文字是学习使用方法。艾德加·道尔认为：单纯听讲对学习内容掌握的水平最低；真实的实践，再加上团队支援下的反思，学习者对学习内容掌握的水平就会高。该理论与在第三节的游戏的价值或终极目标图解中称之为“做中学”的观点是相互印证的。

意大利著名儿童教育家蒙台梭利也说过类似的话：你听过你忘记——你看过你记住——你做过你理解。

因此，意义的不断深入理解是掌握水平高低的关键。由于意义是人类行动的最重要理由，而意义又必然与人类需要紧密联系在一起，意义实现与否和实现的程度又与愉悦体验直接关联，所以，当我们选用了有效的学习方法时，意义的实现也就直接保障了愉悦体验的获得。

附录：

规则游戏的基本类型

- 情境表演游戏
- 领袖模仿游戏
- 身体接触游戏
- 传递游戏
- 队形变换游戏
- 控制游戏
- 输赢竞争游戏
- 猜谜游戏
- 玩影子、玩东西游戏

智能—体能（身心类型）

玩人—玩物（材料类型）

竞争—合作（人际类型）

模仿—创造（学习类型）

练习题与常见问题提示

一、练习题

1. 仔细回忆您小时候玩过的民间儿童游戏和当下正在玩的网络游戏，认真体会你自己所能够认识到的“循序渐进”的成长乐趣。

2. 尝试将您自己小时候玩过的民间儿童游戏按照上述分类视角分类，并思考这些游戏中的挑战因素对你自己的各种能力发展所起到的促进作用。

二、初学者常见问题提示

1. 初学者并非专指刚刚开始学习音乐教育教学的学习者，在这里还应该包括刚刚接触我们这套音乐教育体系的学习者。我们希望大家能够了解：我们也热衷于研究怎样教音乐，但不仅仅只关注“如何更有效地教人学习音乐”。**我们的音乐教育价值观要求我们：将自己的工作重心主要放在如何通过教音乐来帮助学习音乐的人“成为真正的人”，学会如何更好地学习、工作和生活！**

2. 音乐游戏，既不同于教识谱的游戏，不同于教乐理的游戏，也不同于单纯教音乐作品的游戏。音乐游戏，应该成为：**通过教人如何和同伴一起玩音乐，既体验到音乐的乐趣，又体验到和同伴一起学习、一起工作、一起玩耍的乐趣，同时也在其中自然挑战和发展了各种终身可持续发展的信念和能力！**

第二章　游戏化教学活动目标撰写指南

第一节　教学目标的撰写指南

一、目标的分类

联合国儿童基金会提出的21世纪儿童发展目标表述为：学会做事，学会学习，学会共同生活。国家教育部中小学课程文件将教育目标表述为：情感态度价值观、过程与方法、基本知识、基本技能。尽管可以看出这两种表述方法和排序，有一些立场上的区别，但仍旧有一些共同的认识可以将这些目标两两对应分成三类，即学科（或领域）素养、学习素养和人格素养。

二、目标的内涵

学科素养：对真实生活问题中的学科理论具有敏感性，善于综合地、灵活地应用学科理论解决真实生活问题。

学习素养：对学习情境中的真实问题的科学理论具有敏感性，善于综合地、灵活地应用学习的科学理论解决真实学习问题。

人格素养：对真实生活问题中的价值理论问题具有敏感性，善于综合地、灵活地应用价值理论解决真实问题。

三、目标的具体行为内容

（一）音乐舞蹈学科素养

1. 用唱、动、奏的方式表现出音乐的节奏或节奏型，乐句、乐段或前奏、间奏、尾奏。

2. 用唱、动、奏的方式表现出想要表现的事物、观念或情感。

3. 了解并应用音乐要素(高低、长短、强弱、音色;形:动机、句、段、章)的性质及其组合变化的可能性。

4. 了解并应用动作要素(部位、路线、空间、力度)的性质及其组合变化的可能性。

5. 了解并应用关系要素(与自己、与他人、与物体)的性质及其组合变化的可能性。

6. 了解并应用故事要素(人物、情节、冲突)的性质及其组合变化的可能性。

7. 游戏规则要素(表演、触碰、领袖、控制、猜谜、传递、输赢、队形、玩影子、玩东西)的性质及其组合变化的可能性。

(二)学习素养

1. 观察模仿学习

(1) 观察模仿:迅速、全面、准确。

(2) 描述:简洁、精确、精彩。

(3) 思维:宽广、深刻、丰富、具有创造性。

2. 探究创造学习

(1) 主动将个人生活经验转换成表演动作。

(2) 主动通过模仿积累大量动作表演经验。

(3) 主动在集体中观察吸收其他人的创造性表演思路。

(4) 主动将上述经验重新选择加工成新的表演动作。

(5) 主动在集体中进行上述即兴创造性表演。

3. 解决问题学习

(1) 主动察觉和澄清学习中的错误或问题。

(2) 主动设法纠错或解决问题。

(3) 纠错或解决问题过程中能够具有一定的坚持性和反思、监控、调节的灵活性。

4. 共同学习

（1）目标一致，服从大局，自觉保障与集体行动一致。

（2）不强迫别人接受帮助，能够给予适合的帮助；会谢绝不适合的帮助，能请求必要的帮助。

（3）乐于分享观念、主意、策略和快乐。

（4）理解合作的必要并能追求更高水平的合作（知道、愿意、关注和努力、默契）。

5. 学习的自我管理学习

（1）了解、理解、记住教学目标和标准，并能转化为自己的学习目标和标准。

（2）制定、监控学习计划、进度的执行，并能适当调整。

（3）关注、积累和应用各种提升效率的策略。

（4）关注、积累和应用各种学习资源。

（三）人格素养

1. 积极、愉快、幽默、平和。

2. 乐于交往，擅长合作。

3. 能够延迟满足，能收能放。

4. 能够较好地管理自己的情绪和行为，对愿望不能满足或争取愿望满足的行为受阻的情况能够有一定的理解能力和自我调节能力，并能够积极寻求可能的其他解决途径。

5. 能理解游戏、社会生活规则规范的意义，能自觉遵守、维护和参与建设有意义的游戏和共同生活规则。

（四）目标撰写的基本原则

1. 最好以幼儿为主语（站在学习者幼儿的立场考虑问题）。

2. 主语可以省略，只出现动词（幼儿发出的动作）。

3. 一般不需出现“能”这个字。

4. 必须保证三目标体系完整（可按照：学科、学习、人格排列）。

5. 必须表述可见具体行为。

6. 必须针对本班儿童近期发展问题或发展趋向。

7. 必须恰到好处地发掘和利用原有音乐教材的教育潜力。

8. 所有目标必须在具体活动中用具体行为来实现。

第二节　教学目标撰写的实例与分析

一、教学目标实例

1.《野蜂飞舞》

1）通过先期听讲《王子复仇记》的故事，随乐做动作时想象并感受音乐所表现的野蜂振翅飞舞袭击坏人时愤怒的情感和紧张激烈的战斗情境。

2）在教师的示范动作启发下，跟随音乐创造性地做出各种不同的上肢快速振动的动作，表现野蜂飞舞的动态；通过多次游戏，观察思考总结出“掩护”以及“找出”领袖的策略。

3）注意集中地观察领袖和同伴的动作变化，尽力及时改变自己的动作，并努力克制自己的目光和面部表情，以便为更好地“掩护”领袖尽到自己的责任。

2.《螃蟹歌》

1）合拍地在歌唱的部分做独立表演动作，在说白的部分做结伴游戏动作，初步学习唱、念云南方言“歌 guo”、“脚 juo”、“壳 kuo”，并享受发音变异的乐趣。

2）根据歌词的内容创编表演动作时，积极地将自己的意见提供给班集体；结伴游戏时灵活地不断变化双手的空间位置和运动路线，以表现小鱼与螃蟹嬉戏的情境。

3）结伴游戏时努力相互配合，体验互逗乐趣；同时注意控制自己的行为，不打闹，不做让同伴不舒适的动作；不喧哗，以免妨碍大家享受随乐运动的乐趣。

3.《魔法师的徒弟》

1）了解魔法师选徒弟的故事梗概，在熟悉律动游戏的基本流程和音乐基本结构（A〔aabc〕B〔aba'b'〕C）关系的基础上，学会随乐律动表演和反向追跑回原位的追跑竞争游戏。

2）在教师的引导下，学习通过讨论协商和探索尝试确定获得新舞伴的空间变换方式。

3）在说“选我、选我”的环节中，眼睛看着魔术师，体会自我表达和人际交流的乐趣；在被选定的同伴追跑的环节中，有秩序地为同伴加油；在交换舞伴遇见新舞伴的环节中，与新舞伴积极进行目光和体态表情交流，体验遇到新舞伴的惊喜并表达对新舞伴的热情。

4.《母鸡萝丝去散步》

1）在先期绘本阅读的基础上，通过律动表演进一步体验音乐由慢渐快、由低渐高、由弱渐强（18 大句重复，6 大句一个较大变化，加尾声）的变换，感受这些变化与故事情节推进的关系。尽量准确地表现出基本节奏，“狐狸倒霉”的句末强音，以及尾声处的三个结构细节。

2）在图式的提示下，准确记忆表演情节发展的顺序，并在仔细观察教师表演的狐狸的基础上，创造性地自由表现狐狸看到母鸡的贪婪和抓鸡过程中遭遇晦气的狼狈。

3）在狐狸“跟踪追鸡”的过程中，根据情节表现需要努力克制自己的情绪和行为，尽量跟随音乐的节奏做动作并努力不发出声音。

二、教学目标修改实例

1.《小树叶》（大班歌唱活动目标）

1）培养幼儿的音乐知识、技能，启发幼儿的想象力。

2）启发幼儿有表情地演唱，并创造性地表演。

3）培养幼儿的社会性和合作性，服从指挥。培养幼儿的个性、自我表达能力、自我克制能力。

原目标问题分析：

这篇目标陈述统一使用教师作为行为发出的主体。但是，在目标陈述上没有使用行为化的概念。看了这样的陈述之后，无法知道教师究竟打算通过何种具体活动来对幼儿的各种能力进行培养。我们通常把这种“大”而“空”的目标称作“无法检查”、“无法落实”的“万金油”目标。

可能的修改方案：(教师作为主语不变)

1) 复习歌曲《小树叶》，在引导幼儿进一步体验“关切”和“自豪”两种不同情感的基础上，帮助幼儿进一步巩固“抒情、连贯”和“坚定、断顿”的唱法。

2) 组织、引导幼儿进行即兴的歌表演。重点指导幼儿使用“抒情、连贯”和“坚定、断顿”的动作方式来体验和表现两段音乐中“小树叶”的不同心情。

3) 在教师扮演“树妈妈”的情况下，师生共同表演，以进一步强化妈妈爱孩子、孩子爱妈妈的深厚感情。

2. 《火车快跑》(中班音乐游戏活动目标)

1) 使幼儿熟悉游戏的音乐，学习游戏的基本玩法。

2) 训练幼儿动作的灵活性、协调性。

3) 复习歌曲《好朋友》，要求幼儿能以愉快、亲切的感情演唱歌曲。

原目标问题分析：

这三条目标主语统一，均为教师。第一条目标只提出学习音乐游戏，没有指出游戏中蕴含的音乐知识、技能。这种陈述可用于所有音乐游戏活动的目标陈述，不符合行为化的要求。第二条目标更是过于抽象，使人不能得知该活动是通过何种方式对幼儿的何种方面的灵活性、协调性提出挑战的。而第三条目标虽然也提出了情感的要求，但这种提法违背了审美活动的基本规律：幼儿必须先体验到亲切、愉快后，才能由衷地通过歌声抒发出来。所以，教师如果仅仅只是从外部提要求，往往不但不能奏效而且还常常会适得其反。

可能的修改方案：(教师作为主语不变)

1) 使幼儿初步熟悉游戏音乐，要求通过游戏活动中的练习，大多数幼儿都能够比较自如地踩着八分音符的节奏小跑。

2）引导幼儿至少想出 2～3 种不同的两人“搭城门”的方式。

3）复习歌曲《好朋友》，鼓励幼儿两两结伴在边唱边即兴做动作表演的同时，尽量看着同伴的眼睛并对自己的同伴微笑。在玩“火车钻山洞”的游戏时，尽量努力控制好自己的身体，如：低头、曲身、屈膝，慢慢、匀速地小跑，不挤、推前面的人，不拖拽后面的人，也不碰到当城门的人。

3.《踮步》（中班韵律活动目标）

1）初步学会踮步。

2）通过学习，感觉两拍子的音乐。

3）培养幼儿对音乐的节奏感。

原目标问题分析：

该组目标中的前两个主语是幼儿，而第三个主语却是教师。另外，三个目标都是针对音乐知识、技能的。这与“要让幼儿在音乐活动中获得全面和谐发展的整体经验”原则不符。再者，第三条目标过于抽象，不便操作、检查和评价。

可能的修改方案：（统一以幼儿作为主语）

1）初步学习踮步。学习用脚的踮动来感受两拍子的音乐。尽量将动力脚踏在强拍上。

2）在教师的范例启发下，创造性地做出不同的上身姿态，并在练习踮步的每遍音乐中尽量保持某种上身姿态。注意观察他人做出的上身姿态，并能够自由地吸收他人的创造。

3）结伴舞蹈时能够迅速结伴，并能够注视着同伴的眼睛，与同伴愉快共舞。

三、教案与教学目标修改实例

1.《快乐的星期天》（小班下学期律动表演游戏）

活动内容与流程：

1）请幼儿一起分享：星期天，家中成人都做些什么劳动？

2）幼儿自愿者随着音乐用动作表演家中成人的各种劳动动作，然后全体幼儿模仿练习其中共同感兴趣的动作。

3）请部分幼儿挑选角色、道具（纱巾和报纸卷），共同随着音乐做不同的动作，等音乐结束后，各人保持原来动作造型。观看的幼儿先猜测，表演者再用语言表达：我是谁，我在干什么。

4）表演的幼儿与同伴商量交换道具，继续随着音乐进行新的表演。

5）表演者与观看者相互交换角色。

原教学目标：

1）引导幼儿随着音乐扮演爸爸、妈妈以及家中成人的角色并能配上相应的动作。

2）培养幼儿的节奏感、表现力和想象力。

原目标问题分析：

1）原目标是教师主语目标。

2）原目标只有动作技能目标，缺少学习品质和人格品质的目标。

3）目标2空洞——非行为化目标，且内容与目标1重复。

可能的修改方案：（统一以幼儿作为主语）

1）在教师的示范带领下，随音乐合拍地表演爸爸、妈妈或其他家中成人的劳动动作（音乐感）。

2）尝试用自己的动作表现家中成人的劳动，尝试自主挑选道具和运用道具表演角色（创造性表达），努力使用语言猜测和表达表演的内容（想象）。

3）学习用合适的语言与同伴商量交换道具（交往合作），在音乐结束后保持动作造型4秒钟不动（自我管理）。

2.《春天和我捉迷藏》（大班下学期歌唱游戏）

活动内容与流程：

1）幼儿围坐成一个圆圈，闭上眼睛，教师边走边唱歌，过程中摸一幼儿头，被摸头幼儿（春娃）在歌曲结束后说一句话，教师指定另外的幼儿猜测说话者是谁，反复游戏。

2）教师唱歌时，幼儿跟唱歌曲中重复的部分，其他同上。

3）幼儿站起拉成一个圆圈，教师指定一人站在圆圈中间，闭上眼睛，其他人边走边跟唱歌曲中重复的部分，其他同上。

4）边走边唱歌曲中重复部分者改为一位自愿者（春娃），站在中间者改为猜测歌唱者（春娃）是谁。

5）连续游戏，全体幼儿跟唱整个歌曲，自愿者（春娃）唱重复部分，如果歌唱者被猜出便进入圆圈当猜测者。

原教学目标：

1）在《春天跟我捉迷藏》的歌曲中玩"捉迷藏"的游戏。

2）能够边唱歌边游戏，做"春娃"的小朋友能大胆地说话和唱出歌曲中重复的部分。

3）认真倾听，遵守游戏规则，体验游戏的快乐。

原目标问题分析：

1）"玩游戏"不能够成为目标。

2）缺乏音乐知识技能目标，"认真倾听"和"遵守规则"还可以再具体化、行为化和作品化。

3）"大胆地"应属于目标3。

可能的修改方案：

1）在游戏的过程中逐步自然学会演唱歌曲《春天和我捉迷藏》；边唱歌边合拍协调地与同伴拉手在圆圈上行走，并自然地接唱歌曲中重复的部分（音乐感）。

2）一心二用：边玩游戏边认真倾听歌曲并努力辨别音源方位和同伴的嗓音音色（观察模仿学习力）。

3）担任猜测者的时候"不偷看"，尽力通过倾听和辨认来获得成功；不担任特殊角色者可以使用大家协商认可的方式提示猜测路径，但不会直接向猜测者提供答案（诚信，遵守规则）。

3.《老虎歌》（小班歌唱游戏）

活动内容与流程：

1）根据歌词的顺序，教师逐步揭去遮挡住老虎相应部位的图片，以猜谜的方式引导幼儿猜测可能是哪个小动物。在教师引导下，结合图片的各部位特征，逐步了解歌词内容。

2）在教师引导和图片的帮助下，集体创编整个表演动作。

3）边跟随教师做动作边倾听熟悉歌曲。

4）倾听“老虎来了”的音乐（低八度），了解音乐所代表的内容。以讨论的方式，确定老虎来时，幼儿变木头人；老虎吼叫时，大家跑回家（上位）关上门保护自己。

5）幼儿尝试随音乐，创编各种“木头人”造型并静止不动。教师引导幼儿同伴间相互学习不同的木头人造型。

6）教师扮演老虎，教师唱歌，幼儿做表演动作，歌曲结束后师幼共同玩“老虎和木头人”的游戏。

7）个别幼儿自愿者扮演老虎，师幼一起唱歌、表演和做游戏。

原教学目标：

1）感受歌曲的俏皮可爱，尝试用自然的声音演唱歌曲，并按歌词内容做动作。

2）学玩游戏“老虎和木头人”，知道老虎来时静止不动，听到“阿呜”一声叫后，才能逃回自己的座位。

3）积极参与游戏，感受游戏的快乐。

原目标问题分析：

1）目标1可以成立。（学科目标）

2）目标2应该移动到目标3。（人格目标）

3）缺乏“学习目标”。

可能的修改方案：

1）感受歌曲的俏皮可爱，尝试用自然的声音演唱歌曲，并按歌词内容做动作（音乐感）。

2）努力根据自己的原有经验积极参与猜测（根据已知推整体）和动作创编；感知和再现歌表演的时候注意倾听和观看老师和同伴的榜样（向别人学习的意识和能力）。

3）创编木头人造型的时候知道量力而行，一下想不出来时也可以模仿或部分模仿他人的造型动作（知进退，不过分强求自己）。了解老虎来时要静止不动，听到“阿呜”一声叫后，才能跑回自己的座位，并能够尽力做到（行为控制力）；部分幼儿可能需要学习克服害怕的情绪，积极参与游戏，感受游戏的快乐（情绪调节力）。

四、教案与教学目标实例

1.《香草咪咪》（大班下学期律动表演游戏）

活动内容与流程：

1）教师讲述故事猫臭美；鼠仿猫；猫验鼠；猫追鼠。

2）教师用强弱两种音量哼唱乐曲 A 段的双下句，让幼儿听辨。

3）教师引导幼儿创编猫走动作（向前、后、左、右旋转）。

4）教师扮演猫走上句，幼儿扮演鼠在下句模仿。（A 段）

5）教师试验鼠是否是石雕，鼠不动。（B 段）猫追鼠。（尾声）

6）教师扮演猫完整游戏，展示高、中、低不同走路姿态。

7）幼儿自愿者 1～3 人扮演猫完整游戏，自由展示创意。

8）另一教师扮演猫完整游戏，展示如何表现“急躁性格”的猫和“对称”动作模型。

可能的教学目标：

1）通过故事表演，感知和表现音乐 A 段的上下句，B 段以及尾声。

2）学习创编不同方向、不同水平的猫走动作，初步感知不同人物性格、不同故事情节的表现思路和对称性方向变化思路。学习从教师、同伴的创编中快速提取新的创编思路，应用于自己的创编和模仿学习。

3）老鼠在 A 段跟随猫走的过程中，坚持在上句克制不动，在下句才开始模仿；尾随猫行进时既不超过猫也不过分紧随猫。在 B 段猫试鼠的过程中，被触碰到的鼠、被触碰到的部位立即下塌，未被触碰的鼠、未被触碰到的部位克制不动。

2.《匹诺曹要做真孩子》1(大班下学期律动游戏)

活动内容与流程:

1) 回忆《木偶奇遇记》故事相关情节,创编表现长鼻子和驴耳朵的动作。

2) 跟随教师模仿完整律动表演动作,熟悉歌曲内容结构。

3) 回忆音乐、动作结构,和同伴一起完成结构图的摆放。

4) 完整进行表演,尝试独立做动作,必要时可以看结构图。

5) 完整随乐表演——将B、C段个人动作转换为两人合作动作。

6) 起立站双圈,完整进行表演和游戏。在猜拳分出输赢后,赢家帮助输家还原长鼻子和驴耳朵;平局同伴相互拥抱。

可能的教学目标:

1) 通过故事表演感知和表现AABC和尾声的结构及其活泼欢快的情绪。

2) 与教师同伴一起合作,根据歌词和动作提供的线索,共同完成结构图的摆放;学习在自己觉得必要的时候使用结构图帮助记忆。

3) 通过拉手、抚摸、拥抱等身体触碰动作和目光交流,感受同伴间相互信任、相互逗乐的愉悦感;通过猜拳活动,体验友善竞争的乐趣;通过角色表演的互助行为,积累助人与感恩的积极体验。

3.《匹诺曹要做真孩子》2

活动内容与流程:

1) 复习第一层次活动的内容。

2) 集体讨论:如何将A段表演动作中自拍的动作替换成即兴表演的"木偶"动作,(将普通生活动作用有力的、一顿一顿的方式展现出来)然后随乐完整表演。

3) 站双圈,探索内圈幼儿如何移动才能够每次更换新舞伴。(移动方向——顺、逆时针?移动路线——直、折、曲线?移动到下面第1或2或3个人面前?)然后随C段音乐尝试。

4) 随乐完整游戏。

可能的教学目标：

1）学习使用有力的一顿一顿的合拍动作来表现木偶滑稽可爱的形象。

2）在教师和同伴的启发下，了解如何将普通生活动作改造成木偶的动作；了解在即兴表演的活动中可以坚持表演同一个预设的动作模型，可以模仿同伴动作，也可以用动作讲述一个简单的故事，这些策略可以保障表演的流畅性。在教师的启发下，尝试使用方向、路线、位置作为创造移动换位模型的思考要素。

3）进行移位讨论和尝试的时候，认真听取、支持、实践同伴的建议；关注同伴遇到的移位困难，友好地适当提示同伴，并耐心等待同伴的自我纠错。

4.《匹诺曹要做真孩子》3

活动内容与流程：

1）倾听教师讲述的新故事《新龟兔赛跑》。

2）集体讨论：将结构图和表演动作内容更新。然后在教师的示范带领下随乐完整表演新的律动故事。

3）分为3个小组，各自根据故事和结构图的线索创编一套不同的表演动作。教师巡回指导。各组基本完成动作创编（替换）后，统一随乐排练。

4）各组轮流展示，并在教师引导下轮流指出自己和他人创编展示的优点。

可能的教学目标：

1）学习使用新的故事和动作来表现已经熟悉的音乐结构。

2）在教师和同伴的启发下，了解如何根据原有的故事、动作和教师提供的新故事、动作等信息，抽象出替换创编的规律，并为教师提供的故事创编出新的动作。

3）进行替换创新讨论和排练的时候，积极提供建设性意见；认真听取、支持、实践同伴的建议；服从团队领袖的组织；关注和珍惜有限的研讨排练时间;努力为小组的良好展示克制自己的不当情绪和行为,如强迫他人听从自己的意见,离开任务,闹情绪等。

5.《小老鼠找朋友》(中班下学期歌唱表演游戏)

活动内容与流程:

1)倾听教师讲述故事《小老鼠找朋友》。

2)在教师示范讲解带领下,随乐完整尝试表演歌词内容,并按照小班已经熟悉的方法玩猫捉老鼠的游戏(猫一叫,老鼠就跑上位,猫只能捉没有及时上位的老鼠)。

3)继续熟悉歌曲和表演动作,猫由教师扮演,过渡到由幼儿自愿者表演。

4)教师介绍新游戏玩法:全体闭上眼睛,由教师临时指定一个幼儿扮演猫。猫和其他老鼠一样表演,音乐结束猫叫的时候才“暴露身份”。单独尝试该环节,直到幼儿能够基本理解和适应。

5)尝试跟随教师演唱、表演和玩新游戏。

可能的教学目标:

1)学习唱歌和做表演动作,学习合拍并按照歌词的指示做动作和变化动作,注意在唱“来”的时候才开始邀请朋友。

2)用观察模仿的方法学习邀请舞的新规则:在唱前两个“来”的时候邀请者邀请两个新朋友,在唱第三个“来”的时候,被邀请的人才可以离开座位。通过比较的方法理解猫鼠游戏的新变化,了解解决“捉和不被捉”的新策略:被指定的猫一定要弄清楚自己是猫,但要装得像老鼠一样;所有老鼠一定要随时警惕旁边的同伴可能是猫!

3)教师选择猫的时候“不偷看”;个别幼儿可能需要让自己变得更勇敢——“玩游戏嘛,有什么可怕的?!被捉到也没有什么关系的!”

五、学习撰写教学目标的基本流程

1. 过渡1:同行共同修改非良好案例(过程、目标)

前面已经反复讲述过社会学习或团队学习对个人成长的重要促进

或支持作用是不可缺少的。所以，请自学教师务必组织学习的团队，将自己过去设计出的教学方案拿出来，和团队其他成员一起，用前面的理论和范例来进行一一对照。将新的认识应用于改善自己的原设计方案。需要进行至少 10～20 个案例的集体修改过程。

2. 过渡 2：独立修改非良好案例（过程、目标）

在经过上述团队学习后，对新观念、新策略进一步了解、理解和初步应用的基础上，您可能已经具备了一定的独立设计能力。这样，您就可以尝试独立修改原有案例了。在这一阶段，有机会您还是可以经常将问题提交到团队中进行讨论。请相信一个好汉也需要三个帮！

3. 自写教案和目标共同讨论修改

经过上述的反复练习学习，在对新观念新策略又进一步有新的认识的基础上，您完全可以独立地进行设计和修改了；但您要相信，有人帮助，仍旧是促进您达到更高发展水平的不可忽视的“支架”。

4. 自写教案和目标，自己反思和修改

如果您已经差不多在这样的思路下修改和撰写过 100 次教案了，你一定可以体会到：您自写教案和目标、自己反思和修改的能力已经有效提高，您已经可以有自信地独立工作。当然，请永远也不要放弃与同行的相互支持、帮助和分享。

练习题与常见问题提示

一、练习题

1. 认真阅读、抄写上述范例中的目标和过程，力争能够达到“倒背如流”的熟练程度。如果不能肯定自己的理解或有什么疑问，请首先去找有共同志趣的同行讨论。

2. 和同行一起集体修改原教案的目标和流程，必要时可以返回查阅书中范例，从中寻求启发。（最好反复多次）

3. 和同行共同撰写新教案的目标和流程，必要时可以返回查阅书中范例，从中寻求启发。（最好反复多次）

4. 独立撰写新教案的目标和流程，然后与同行研讨后尝试对照前述理论范例自己修改。(最好反复多次)

5. 独立撰写新教案的目标和流程，独立尝试对照前述理论范例自己修改。(最好反复多次)

二、初学者常见问题提示(请返回参见第二章第一节三)

1. 在描述音乐能力的目标1中或者是不够具体，仅仅提出“初步学习”或“进一步学习”演唱、表演、演奏新授音乐舞蹈作品的要求；或者是在描述音乐能力的目标1中离开音乐作品整体审美意义、情绪、形式感知目标，孤立地要求幼儿感知音高、音程、速度、力度、休止等音乐理论概念。

在进行目标描述的时候，教师应该明确年龄班和作品学习的层次，然后再来明确任务的具体难度和标准。如：简单的作品可能要求一次全部掌握，复杂的作品可能每次要求学习不同的部分或掌握不同层次。如果其中牵涉相应需要理解的知识和相应的技能，应该在整体的审美情境中加以掌握。如掌握“弱起节奏”，可以表述为：学会在弱起节奏后面的第一个强音上开始做表演动作等。

2. 描述学习能力的目标2，对于大多数初学者来说是比较困难的。教师应该首先明确年龄班，再明确该年龄班应该重点锻炼的学习能力，最后再考虑怎样把教师教的策略转化为幼儿的学习策略。如：

(1) 在“学习方法”方面“观察模仿、探究创造、解决问题”三种学习，小班应该以“观察模仿学习”能力的培养为主，可以约占80%左右。剩余两种中，“探究创造学习”又可以在其中占15%左右；“解决问题学习”可占5%左右。随着幼儿的年龄和能力增长，后两种能力挑战的比例需要慢慢逐步增加，到大班末期，大约可以为：“观察模仿学习”50%左右；“探究创造学习”35%左右；“解决问题学习”15%左右。这个比例仅供参考，不同教师可以在这个参考数值范围内上下浮动。

(2) 在学习策略方面，具体的策略和具体的方法相互匹配，可以有许多种：

在观察的时候，幼儿需要弄清楚观察对象，并记住，还需要对自己证实自己究竟是否真的弄清楚了。在观察的时候如何使用图谱来帮助自己理解和记忆。如果觉得自己没有把握，需要重新观察验证，可以咨询教师、同伴以求验证或澄清。

在探究或创造的时候，需要弄清楚探究或创造对象、限定条件和最终结果的达成标准。教师一般都需要通过具体范例来展示任务步骤和最终结构的标准。幼儿除了需要注意集中观察教师提供的范例以外，还需要记住和理解其中包含的探究或创造思路或原则。如：仅仅在音乐休止的时候，做一个时值两拍造型以表现变化成为一棵树木；或在音乐完全结束以后，自由造型并坚持四拍以表现正在疯狂舞蹈的牙细菌“被超级冰爽牙膏”冻住了。或如：仅仅在音乐的B段，上句地球人即兴做一种日常生活模仿动作，下句太空机器人将这个特定动作转变成机器舞的某种特定节奏型的断顿动作。或再如：在乐器演奏活动中，幼儿既可以探索特定音乐、特定配器方案中，特定乐器、特定演奏法规定下的节奏型；也可以探索不同配器方案、不同的演奏方法；甚至可以探索如何以小组为单位，为一个指定或自选、自编的故事配器演奏等。

3. 描述人格品质目标3的时候，初学者同样具有较大困难。一般常见的表述是仅仅笼统提出：体验作品的情绪，理解作品的道德教育意义，体验游戏、表演、创作、合作的愉快等。这种表述促进幼儿发展的意义非常有限。

在这里举例说明：歌曲《小树叶》中表现的是孩子对妈妈的眷恋，离开母亲的勇敢，以及决心回报母亲的激动三种不同情绪。在音乐能力上提出理解、体验和用相应演唱方式表现，是整体审美感受表现能力的要求；教师可以通过简单谈话和设计相应师幼、幼幼人际互动，在进一步强化对歌曲的理解和表现的同时，也进一步强化对这些社会性经验和情感的体察以及认同。因此目标既可以表述为：通过简单谈话，重点想象小树叶可以为它们的大树妈妈做些什么事情，并在表演的时候随音乐用动作表现出来；也可以表述为：教师或个别幼儿扮演大树妈妈，轮流即兴随乐表演打扮或爱护妈妈的动作,以表现和体验小树叶对妈妈的爱。

律动游戏《木头人》中,监察人回头看的时候,木头人自由造型不能动;或者两人或以上共同造型不能动;或两人三足或两足着地自由造型不能动;或进一步在监察者逗弄的情况下任何地方都不能够动……这些游戏规则,实际上是指向锻炼幼儿的自我控制能力发展的。目标描述的时候,只要说规则的达标要求就可以了。

小组创造性奏乐活动《赛马》中,音乐学习目标是:按照 AABB 或 ABAB 的结构舞蹈和奏乐;学习目标是:为乐曲中的《如歌行板》部分创编舞蹈动作并将舞蹈动作转化为配器方案;人格目标是:小组成员不固执己见、不拖拉,能快速产生临时领袖,快速提出和集中创编意见,认真投入排练,在规定时间内完成创编和排练任务。

第三章 游戏化教学活动方案设计指南

第一节 活动方案总流程的设计

一般情况下，设计游戏化教学活动方案时应该遵循以下这一循序渐进的总流程，即：故事——动作——音乐——其他。

理由是：首先，幼儿是根据自己的生活经验来识别事物的意义或价值的；其次，幼儿时期动作是他们认识事物和表达对事物认识的最主要和最重要的媒介；同样，幼儿在认识音乐这一事物的时候，动作的物理学性质——高低、长短、强弱以及上下行等，也是帮助他们认识音乐性质的重要媒介。在意义—动机、行动—认识等基础性问题基本解决之后，创造性的表达和表达技能的历练和提升，才可能成为幼儿主动追求的目标。在展开这样总的设计流程时，一般可以遵循以下基本操作步骤和方法：

团体律动游戏的基础流程

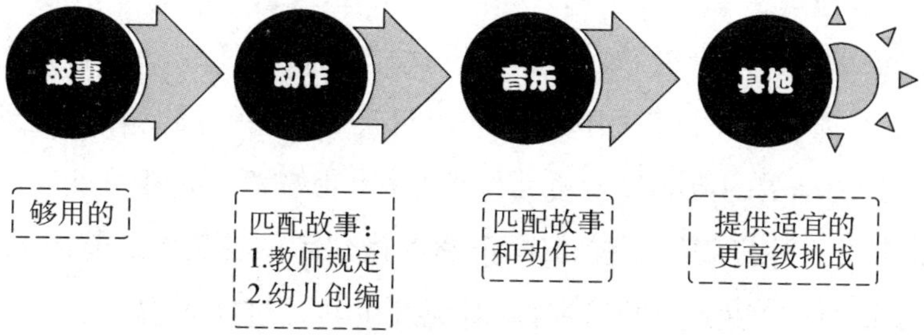

图 3-1

一、故事

一般情况下故事内容应该仅仅包含必然要表现的情节，尽量避免繁复的装饰，必要时可为突出重点“亮点”情节添加少量情绪性渲染。一般应当在30秒至1分钟之间把故事讲完。必要的时候，如配着游戏的音乐来讲故事，或用与幼儿互动的方式共同来讲述故事的时候，当然也可以适当将“故事时间”增加到2～3分钟左右。一般情况下，“故事时间”加上“动作时间”一共需要的总时间比例，应该被控制在活动全程的1/5时间段以内。换句话也就是说：小班不超过3分钟，中班不超过5分钟，大班不超过6分钟。

理由是：如果导入的时间过长，占用了主要内容学习的时间，还没有等到进入主题，幼儿就已经开始疲劳了。

讲故事的时候，教师需要声情并茂，适当运用面部以及形体表情，必要时还需做适当的移动。

理由是：这样不但能够更好地激发幼儿的参与兴趣，而且还能够更好地帮助幼儿理解和记忆将要表演的故事情节。

二、为故事配相应动作

在引导幼儿为故事的相应情节编配动作时，教师一定要注意：第一次用来帮助感知应用的表演动作一定要尽可能简单——简单到该年龄班幼儿基本可以轻松自如地跟随教师正确表演，不会感到有负担，而且一般应该是取坐姿的上肢动作。

理由是：由于音乐对于幼儿是基本陌生的，感知的过程中本身就会产生比较重的认知负担，如果故事以及动作的认知任务没有能够充分完成好，已经遗留下了一定的认知和技能负担，感知音乐的负担就会加码，审美体验和享受的流畅性就会大打折扣，幼儿的学习兴趣也就同时要被大打折扣了。取坐姿的上肢动作，能够在做到简单易操作的前提下，充分保证幼儿情绪和注意力的稳定性，避免发生幼儿过度兴奋不能自制的状况，也能够避免因教师抑制幼儿的过度兴奋而引发师生关系紧张的状况。

该步骤中编配的新动作，既可以采用教师规定的动作；也可以采用幼儿创造的相应动作；还可以采用教师和幼儿共同创造的动作。

注意：引导幼儿参与创编时，一般有了一个可用的动作，便不宜再征求另外的建议，以免耗费过多时间。

三、用动作感知音乐

该步骤一般应该是教师直接带领全体幼儿跟随音乐做动作。幼儿在此步骤中仅仅只是模仿教师做动作。一般情况下，这种随乐模仿动作练习需要进行 2～3 次。如果超过 4 次，幼儿还不能够做到比较独立、流畅地完成，即说明很可能是动作设计难度过大，或教师的示范讲解出了什么问题。

一般情况下，动作设计和模仿感知练习应该是跟随整首音乐的，即跟随整首音乐做动作、感知、熟悉整首音乐。我们把这样的设计特别称为："先分层"，而且步骤 3 所实施的仅仅是第一层，又可称为"初始层"。这个初始层非常类似绘画的人最初用铅笔在画纸上勾勒出的基本形象框架。进入步骤 4 以后才能够开始将形象逐步丰满清晰起来。

理由是：这样既不会影响音乐、故事、动作集成的整体审美流畅性，保障幼儿的审美愉悦感，又可以在整体反应习惯建立的基础上，避免在步骤 4 的各种新的游戏表演要素增加进来之后，造成音乐、故事、动作之间的衔接困难。

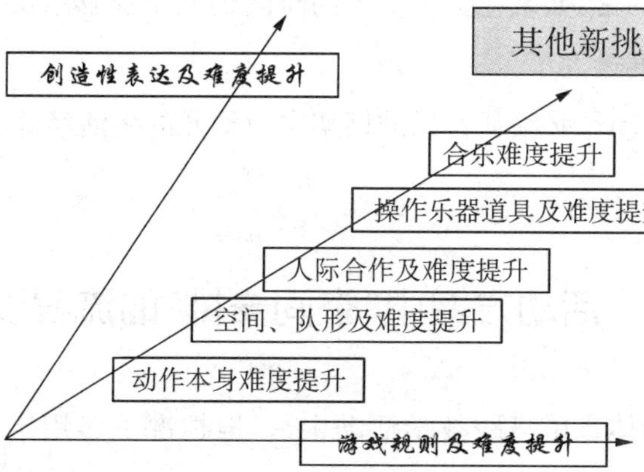

图 3－2

四、增添其他更高级的适宜表现目标

在幼儿能够通过努力逐步达成的学习目标范围内，逐步提升动作表演的难度；增加人际合作或竞争；根据模仿习得的表演框架进行创造性表达；加入乐器、道具的使用；进行队形变化、环境创设等更具创意的活动。

这个步骤应该由许多更细小的步骤组成。特别需要提醒的是：每个新的细小步骤中，一般只能增加一个新的学习目标，如果是多段体音乐，通常新内容可能只增加在其中的某一段中，我们把这种设计称为“后分段”。而且这时候，教师一般都需要根据新增内容的难易来决定：是单独将增加了新难度的段落提取出来专门学习后再完整练习呢，还是直接加入整体内容进行练习？如果是前者，我们通常将之称为“难点前置”。另外，如果需要难点前置，教师还需要考虑，这个难点是前置到本次教学活动之前，还是本次教学活动的一开始，还是本次教学活动的中间，即直接安排在步骤3后面？

理由是：有些稍微困难大一点的内容，或幼儿经验不足的内容，可能会在整体表现的过程中造成“障碍”，影响幼儿审美体验的流畅性，造成愉悦体验的损失。在幼儿精力比较充沛、注意力比较集中的时间段内重点解决了这个问题，便可能更好地保障后续的愉快学习和愉快享受。当然，还必须注意的是：如果花费了1/5的时间仍旧不能够解决问题，就需要考虑：可能难度过大了。

注意：故事、动作必须从音乐的框架中及幼儿的生活经验中来。

第二节　活动方案中“空间安排”的流程设计

在幼儿园集体音乐舞蹈教学活动中，一般情况下多用半圆、圆圈的空间安排。

理由是：以便每个幼儿都看到教师以及其他同伴的示范或创意表演。同时，教师也能够全面观察了解全体幼儿学习的情况。注意：一般情况下，安排圆圈空间时教师应该与幼儿同样坐在圆圈上，做示范也应该在圆圈上。这两种空间安排的另外一个优点是教师可以随时平等地与圆圈上的任何幼儿交流目光，让幼儿感受到教师的关怀与鼓励。

在开始新内容学习的时候，一般情况下需要从比较稳定的体位状态逐步根据需要进入不太稳定的体位状态。在步骤 3 之前，除非必要，都应该从坐在座位上做简单律动动作开始。至于步骤 4 是否立即开始起立或移动，要看具体情况。

具体步骤设计先后顺序可参考以下内容：

1. 坐在座位上做律动动作

(1) 先上肢；

(2) 再下肢；

(3) 再上下肢联合。

2. 站在座位前原地做律动动作

(1) 先上肢；

(2) 再下肢；

(3) 再上下肢联合。

3. 在自由空间状态下做律动动作

(1) 先原地，后移动；

(2) 先独立，后结伴。

4. 在队形中做律动动作

(1) 先不变队形，再变队形；

(2) 先不换伴，后换伴；

(3) 先一队移动一队原地不移动，后同时移动；

(4) 先直线移动，后曲线移动。

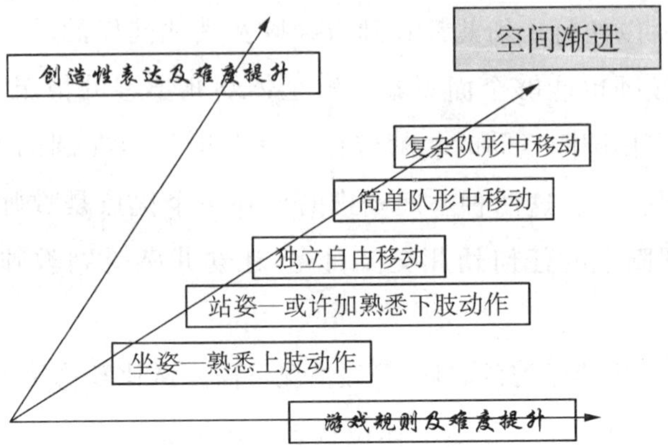

图 3-3

理由是:在初学阶段,需要幼儿沉着冷静、注意集中观察、思考记忆再现。过早移动,容易分神、容易过度兴奋、容易相互干扰,造成不必要的生理和心理上的混乱。下肢以及上下肢联合动作比单纯上肢动作困难;移动比原地困难;结伴比独立困难……按照循序渐进的方式安排空间状态,幼儿不容易感到焦虑,容易感到从容;否则便相反。

另外,如果幼儿年龄比较小,游戏活动中又包含"一人追多人跑"的内容,需要设计成:一跑就回到座位上坐好。类似活动的变式是:原地站好造型或原地蹲下;立刻两人或多人结伴造型。这时,追逐便会立即自然停止。

理由是:安全需要和好胜需要都决定了幼儿会因为过度紧张而过度兴奋,一方面比较容易造成负面情绪体验,一方面容易造成身体伤害事故,再一方面也不利于培养幼儿沉着淡定的性格。

第三节　活动方案中"配合表演"的流程设计

"合作"是学习中游戏快乐体验的重要来源之一,不管是配合性的合作还是竞争性的合作,每每出现这样的内容,幼儿都会立刻眼睛闪亮起来。但有经验的教师也都知道,如果把握不好,合作律动的学习,特别是幼儿两两结伴或小组配合的内容也经常是最容易造成混乱的内容。下面这些也是一些帮助大家避免混乱的流程设计原则。

一、流程设计的总原则

1. 合作内容的教学流程一般应该在步骤4以后，完整随乐律动已经比较熟练的情况下才能开始。

2. 一定要通过示范让每个幼儿都理解和记住合作的具体流程与方式。

3. 一定要让每个幼儿都有充分的机会通过操作来理解和记住。

4. 必要时可以与幼儿通过辨别和讨论来澄清不易理解的内容。

5. 必要时可以通过教授一些策略来帮助幼儿记忆不易记忆的内容。

注意：年龄越小的幼儿，描述和讨论等活动持续的时间越要控制在相对更短的范围之内。

二、流程设计选用的具体步骤

1. T—S众

在合作方式比较简单的情况下，教师首先担任主动和先开始的合作一方，请幼儿担任能够根据教师动作直觉反应的合作另一方，跟随音乐完整进行互动。在幼儿明确了教师动作的含义和方式以后，教师再与幼儿互换角色。具体范例如：《小雨和花》、《螃蟹和小虾》、《农民和害虫》、《大战牙细菌》。

(1)(《小雨和花》)教师先当小雨，A段音乐小雨落下，亲吻小花(幼儿担任小花，只需摆一个花的造型即可)；B段音乐小雨给小花喝水，左右移动双臂(幼儿只需用身体和嘴巴跟随教师的手臂移动即可)。

(2)(《螃蟹和小虾》)教师先当蚊子或小虾，B段音乐幼儿双手打开，教师将手伸进幼儿两手之间，幼儿双手即将合拢时，教师将自己的手迅速抽出。(A段音乐时师生都表演故事的叙述者)

(3)(《农民和害虫》)教师先当播种的农民，全体幼儿当害虫，B段音乐教师在幼儿摊开的手心里播种，第五次播种的时候教师表示发现害虫，将自己的手迅速抬起，同时请幼儿用手追捉教师的手，表示害虫追捉农民手上的种子。(A段音乐时师生都做简单的拍手律动表演)

(4)(《大战牙细菌》)教师先当牙细菌或者爱吃糖的小朋友,牙细菌和小朋友假装啃咬牙齿或吃糖的时候,幼儿自然随意做出被动反应即可。

2. T_1—T_2

当幼儿年龄比较小或互动模型比较困难的情况下,可以增加采用教师和另外一名教师做互动示范。

3. T_1—S_1

教师和一个幼儿做互动示范尝试。因为这同时也具有示范的性质,教师需要用比较慢的速度来同时指导该幼儿和全体幼儿。

4. T_1S_1—T_2S_2

两位教师各带一个幼儿做互动示范尝试。

5. S_1—S_1

请一对比较快速、能力较强的幼儿做互动示范尝试。

6. S_1—S_1

请一对比较慢、容易出问题的幼儿做互动示范尝试。请其他幼儿参与点评,增强他们认识水平;同时也检验评估前面的教学是否已经使全体幼儿都基本了解。

注意:

1) 教师在指导这两组幼儿的同时,必须引导所有幼儿加入评价。

理由是:只有这样做,才能更有效地激发幼儿主动努力去理解游戏中的互动流程与方法。

2) 开始幼儿两两相对进行合作互动之前,必须保证每个幼儿都能够基本独立、正确地进行反应。

理由是:如果不能够真正做到每个幼儿都基本独立、正确地进行反应,哪怕是少数幼儿的模糊的认识和错误的行为,也会通过互相影响,造成更大面积的迷茫、焦虑和混乱。

3) 以上步骤2~6并非每次活动必须具备的步骤,教师可以根据幼儿年龄以及班级的实际基础灵活选用。

7. 自由结伴互动或规定结伴尝试互动。

8. 连续玩游戏，在间奏部分交换同伴。

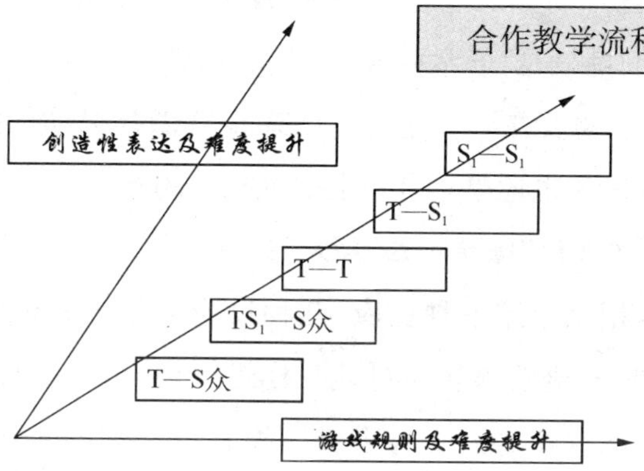

图 3-4

三、不同内容结构的不同处理技巧

由于作品的结构不同，因此幼儿学习时所遇到的困难或问题也不同。下面是关于不同结构作品设计的补充说明。

（一）互动双方同时做动作配合

如同在 T—S 众环节中范例的情境：在这里总是由一方主动发起互动，另一方跟随对方进行简单自我反应。另外还有一种常见情况，类似拍手游戏，双方动作是一样的，或一样的动作对称或先后交替做出，形成合作关系。这种情况下，可以直接选用以上流程中的全部步骤。

（二）互动双方先后做动作配合

1. 完整乐段之间的相对独立的分别表演

由于在 3 层次中，全体幼儿已经基本熟练掌握两个先后出场角色的随乐动作。而且通常情况下，由于 A 角色做动作的时候，B 角色是静止或造型静止的，又是在音乐的段落之间进行角色表演的交换，所以学习的困难不会太大。因此，在这里，通常教师只要和幼儿明确先后分工，便可直接选用上述流程中的 1。

2. 完整乐句之间的“示范—模仿”反应

与在音乐的段落之间进行角色表演交换相比较，乐句中间交换对反应速度的要求提高了。但由于角色B的任务仅仅是模仿A做动作(我们将之称为"领袖模仿"动作反应,或"回声"反应),所以难度也不算太大。这种结构对反应的挑战是:通常要求A必须自己即兴创编出一个或一组动作让对方模仿,B需要在事先完全不知道A会做什么动作的情况下进行反应的。因此,任务也还是具有一定的挑战性的。

3. 完整乐句之间的"呼唤—应答"反应

一般可以说,相比上述各种反应,此种反应的难度是最大的。真正的呼应反应需要两个角色都如同对话一样进行即兴反应,即你有来言,我有去语。因此,该合作表演方式需要一种真正默契的合作素养,同时也锻炼这种合作素养。

但是,由于我们的工作对象是幼儿,我们的任务设计不能够过分超越他们学习的最近发展区。因此即便是呼应反应也可以找到适合幼儿的反应方式。如:

(1) 理发店:A喷发胶,B用身体表示头发的造型。

(2) 捏泥人、制陶器、吹玻璃:A当制作人,B表演被造型的器皿。

(3) 扫落叶:A当打扫人,B表演被风推动的淘气落叶。

(4) 啃苹果:A当人,B当被越啃越小直到变成核的苹果。

这种内容,一般需要两位教师进行示范。当然,有条件的班级,也有可能由一位教师一个幼儿进行尝试;或者直接由教师一边巡走一边和每个幼儿进行尝试性互动。

第四节　活动方案中"动作难度提升"的流程设计

我们的研究显示,这个问题是一个不太好解决的问题。因为这里面涉及的问题太多太具体。很难用简练书面方式陈述清楚。但我们在这里还是尽量为大家提供一些可以使用的思路。

一、动作难度判断的纬度

1. “动作模型”的规模

模型包含的拍数越多，动作规模越大，难度越高。

如：歌曲《大西瓜》总共 1 段、4 句、16 拍。而歌曲《匹诺曹要做真孩子》总共 2 段、15 句、112 拍。第二首歌曲的规模是第一首歌曲的 7 倍。

2. 动作的种类及繁复程度

(1) 在一个模型里，包含不同动作的种类越多，难度越高。

如：歌曲《大西瓜》中总共包含两个手掌做出的动作：西瓜和嘴巴。模型是 16 拍音乐中西瓜和嘴巴的均匀交替。而歌曲《斗牛乐》低级版中第一段总共包含 4 个动作：拍手、拍腿、做牛角、顶牛，模型是 16 拍中 4 个动作均匀交替，每个动作连续重复 4 次。显然后者对记忆和反应的挑战更高。

(2) 在一个模型里，动作的繁复程度越高，难度越高。

如：在《斗牛乐》顶牛动作中，可以原地做上肢的动作；可以向前走与对面的同伴交换位置；也可以与对面的同伴一起旋转交换位置再接 180 度向后跳转寻找新舞伴。这三个动作显然是：“不移动的上肢动作”最容易；“直线向前行走移动换位置”的动作较难；“旋转换位置并接向后 180 度跳转寻找新舞伴”的动作最难。

3. 动作的速率

(1) 每一个动作的绝对时值越短，难度也就越大。

如：《大西瓜》中不同难度版本由低到高依次为：1 拍做一次动作和半拍做一次动作。

(2) 动作转换的频率（即动作重复做几拍后转换）越高难度越大。

如：《大西瓜》中不同难度版本由低到高依次为：重复 8 次转换；重复 4 次转换；重复 2 次转换；重复 1 次转换。

如：《斗牛乐》低级版本中，前 8 拍拍手 4 次，拍腿 4 次。中级版本中，第一段虽然同样总共包含 4 个动作：拍手、拍腿、做牛角、顶牛，但前 8 拍是拍手 2 次、拍腿 2 次，再拍手 2 次、拍腿 2 次，即将前面的动作重复 1 次，转换频率比低级版快了 1 倍。高级版本中：前 8 拍是拍手 2 次、拍腿 2 次，再拍手 2 次，再与同伴拍手 2 次。不但转换频率比低级版快了 1 倍，而且还增加了一个与同伴拍手 2 次的动作。显然三个版本的难度是依次递增的。

4. 遗传与文化的影响

从遗传角度上看：走、跑、跳三个动作，由于跑跳需要蹬地腾空和控制身体下落的速度与重心，跳比跑需要更高地腾空和更好地控制重心，自然难度是依次递增的，这显然与人的生理发展轨迹——即与遗传因素的决定性有关。

从文化角度上看：同样是耸肩膀、前后左右平移脖颈、转动眼珠、翻转手腕等动作，新疆维吾尔族的幼儿比汉族幼儿掌握得好得多——这显然是因为在他们的生活中，有更多机会自然模仿成人的特定舞蹈动作和日常生活中的情感表达动作。

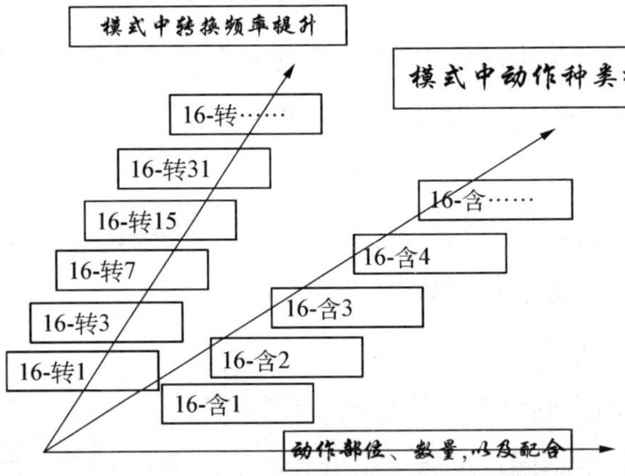

图 3－5

二、动作难度负荷调控的计算公式

由于动作难度负荷提升的适宜度，将会直接影响幼儿学习的积极性。因此，教师必须认真考虑这类问题。

动作难度负荷提升的适宜度可以参考下面的计算公式。

假如我们首先把动作学习的认知难度和技能习得难度放在一起考

虑，再假设每一个新加入的学习任务难度负荷的系数为“1”，总任务的普通适应难度负荷系数为“6”，“4”以下为已经掌握，“4～5”为轻松努力掌握，“7～8”为吃力掌握，“9”以上为艰难掌握。我们就可以得到这样一个计算适宜难度负荷的公式：

（一）能够理解的新故事 1 + 能够直觉反应的新动作 1 + 完全陌生的新音乐 4 = 6

（二）初步认知练习 2～4 遍之后，不太陌生的故事、动作和陌生音乐之间的关系逐渐和谐，完整表演任务的负荷通常可以下降到“4～5”，这时，其他流程可以开始，但新加入的挑战任务如“配合”或“创编”、动作难度本身提升或游戏规则学习等，总难度一般不超过“2”，这样才可能把难度负荷保持在“6～7”的水平上。

（三）如果感到难度负荷可能上升到“7～8”之间，就需要设计“难点前置”环节，通过专门针对新任务的认知和练习环节，将新任务的难度从“3～4”左右下降到“2”左右，然后再累加到完整表演的整体任务上去。这样总任务的难度负荷便会回落到“6”左右。

（四）幼儿面对总难度约为“6～7”负荷任务的时间段必须落在总体时间的 2/5 到 4/5 之间。进入最后 1/5 时段时，任务的难度负荷必须顺应练习次数的不断累加自然下降，逐渐回落到“3～5”之间，以便达到享受流畅、娱乐放松的适宜负荷水平。

第五节　流程拆分与叠加的补充说明

一、先分层（整体感知）

先分层。在分段探讨动作前，一般应该暂时不重点探讨动作或音乐，而仅仅是跟随基本完整的音乐听完整的故事，做简单的随乐动作。该简单动作最好能有利于帮助幼儿学习接下来所要求掌握的复杂动作或队形变化等，心理学上称之为“正迁移”设计。这样做的目的是：尽量提供整体的故事和音乐印象，保证审美感知和表演的流畅性。即不切断音乐和故事，就不会破坏音乐的整体性及表演故事的审美流畅感，同时还能够降低幼儿在段落与段落、乐句与乐句、表演情节与动作之间转换衔接的困难。

一开始的这个设计层次，我们可以把它称为“初始层”。就好比我们绘画，一开始仅仅只是勾勒出一个大致的轮廓，然后再一个一个局部将之细致化和渲染上更丰富的色彩。

二、后分段（局部加工）

后分段：即上面所说在初始层完成后，再将一个一个局部进行细致化的设计。特别需要注意的是：不要在每段都设置过于复杂和高级的要求。而且第一次教学中，由于前面已经经过了较大努力，初步掌握故事动作音乐的共同结构后，幼儿注意力已经逐渐进入“半衰”状态，所以后面新增的总流程“4”细致化挑战不宜多于2个内容，而且每个内容的难度都应该是比较小的“近迁移”内容。复习活动中，精致化设计可以并且应该是有一定难度的新挑战。但每次独立复习教学活动的重点挑战段落一般也不宜超过2个。

如：大班音乐表演游戏《匹诺曹要做真孩子》

结构控制层次关系表

层次一	层次二	层次三	层次四	层次五	层次六	层次七	层次八
							创编队形
						加队形	加队形
					创编动作	创编动作	创编动作
				加站走	加站走	加站走	加站走
			加合作	加合作	加合作	加合作	加合作
		加音乐	加音乐	加音乐	加音乐	加音乐	加音乐
	加动作	加动作	加动作	加动作	加动作	加动作	加动作
故　事	故　事	故　事	故　事	故　事	故　事	故　事	故　事

注：我们看到上表中的内容是依次加入的。当幼儿能够跟随音乐用自己创编的动作和队形表演故事内容的时候，他们稳健地一步一个脚印循序渐进地迈上了八个台阶。一般在幼儿园的日常教学中，以上内容可能需要2～3次30分钟的集体教学活动才能够完成。

补充说明：有的时候，教师感到“弄不下去”可能并不一定是因为挑战过多过难，而是因为教师语言啰嗦，不能够澄清目标和方法流程，学习者不得要领。除了教师需要坚持精讲多练的原则以外，还需要自己反复练习如何利用讲解、示范、提问更好地帮助学习者明了认知和练习要点，如：学会熟练使用“边示范一边讲解一边练习”的流程等。

三、难点前置和变式练习

心理学原理：幼儿在一个独立学习活动时间段中注意力保持的最佳期为下图标出的2、3阶段。而幼儿在活动初期的1阶段（活动的开始部分）注意力尚未被唤醒，需要教师给予适当激发，但一旦激发过度，兴奋到不能控制也会影响后续的学习。在活动的前期即2阶段，幼儿的注意力最为集中，所以应该在此阶段解决重难点的“认知问题”。3阶段以后应该遵循“动静交替”原则和“认知一实践”原则及时进入技能掌握练习阶段。

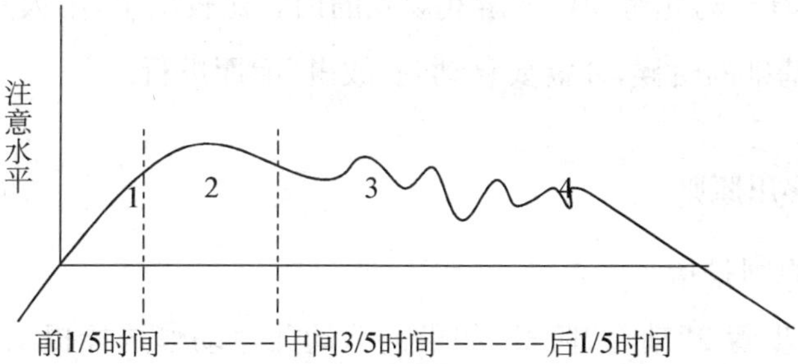

图3-6　活动进程和注意力保持结构图

只有这样，才能够自然地利用幼儿学习者注意力激发和保持规律，让学习始终处于最为舒适和有效的状态。

释义：横坐标为活动进程，纵坐标为注意力保持的程度，曲线部分为在活动进行的过程中幼儿注意力保持的大致情况及特点。

第 1 部分(前 1/5):活动刚开始的时候,幼儿生理、心理处于未被唤醒的安宁状态,教师通过有效的导入,调动其主动学习的积极性及注意力。因此该阶段又被称为“唤醒阶段”。

第 2 部分(中 2/5):活动中偏前期,幼儿注意力达到高峰状态,教师应及时抓住这一关键时期,解决重难点问题,即体现“难点前置”原则。这一阶段主要解决新学习内容的认知以及技能的初步掌握练习。

第 3 部分(中后 1/5):活动中偏后期,幼儿注意力保持的生理、心理线开始波动下降,该时期通过“变式练习”或提供能够引起新兴趣的刺激,重新激发幼儿的好奇心、好胜心、审美体验和创造性表达等。

第 4 部分(最后的 1/5):活动后期,幼儿身理、心理开始进入较为疲惫的状态,注意力不断下降。“休养生息的需要”逐渐上升为主要需要。该阶段又被称为“恢复阶段”或“放松阶段”。因此,教师注意千万不要在此时期提出新的问题、新的要求,以保证幼儿在轻松、愉快、安全的氛围下结束活动。

具体设计原则:

1) 当幼儿具备相关生活或动作表达经验的时候,不需要设置“难点前置”的环节,应该正常进行从故事到动作到音乐再到其他的流程。

2) 只有当幼儿对动作或游戏规则的内容比较陌生,不太具有进行正迁移学习基础的时候,才需要移动到“故事”前面进行。

四、够用原则

够用原则是指:

1. 在步骤 2“动作”阶段,如果邀请幼儿对动作选择提供意见,不宜反复鼓励幼儿提出不同意见。新教师一般控制在仅仅只创编 1 个动作,该动作“可用”便不再继续;老教师一般控制在创编 2～3 个意见不同的动作后,在可选范围内快速选择 1 个。

2. 在步骤 4 以后的“其他动作”阶段,如果邀请幼儿用自己创编的动作替代原先暂时选用的简单动作时,也要注意不要持续要求幼儿创编与他人不同的动作。

3. 在幼儿熟练掌握律动的基本动作以及音乐结构之前，不宜提早鼓励幼儿随便自己即兴做动作。

4. 即便到了幼儿已经比较熟练掌握律动的基本动作以及音乐结构时，教师引导幼儿创编动作时，也要注意不同幼儿的不同需要。鼓励他们使用适合自己的方式来进行更自由的创造性表演：能自己创新的做自己的动作，即兴创编有困难的，可模仿周围同伴的动作，仍旧对快速反应感到困难的，也允许仍旧重复做前面从教师处习得的动作，以体现教育的差异性原则。

5. 上面 4 点体现的都是坚持创新动作“够用即可”的原则。只有当幼儿对音乐以及动作的结构高度熟练之后，再进一步循序渐进地鼓励和引导幼儿进行更加自由的创造性艺术表达。

第六节　渐进流程中的“高结构与低控制”技巧

高结构：指环境创设材料选择流程设置适宜；低控制：指培训者尽可能不对学习者的学习行为进行直接控制。当教学结构设计合理，学习者能够自愿按照明晰的学习结构自我控制的时候，教学者便不再需要对学习者进行直接控制了。

1. 先紧后松

模仿在先，创造在后。即先通过让学习者模仿范例，习得一种未来进行创造性表达的框架或思路，然后再鼓励或引导学习者逐步（先小、少、局部——再多、大、整体；先集体——后小组——再独立）地更独立地去达成自由的创造性表达。

2. 内紧外松

规律严格，表现自由。1）学习者学习的真正内容是隐藏在作品里面的学科规律;2)学习者必须通过熟练精准地掌握作品来认识隐含在其中的规律;3)学习者只有在更好地掌握学科表达规律的前提下,才能够更好地应用学科规律来进行创造性的表达。因此,“内紧”即严格标准,并且鼓励和激励学习者努力达成标准是必须的。

但是,严格绝对不等于严厉!教师的表现应该是循循善诱的,既充满温暖的关怀,又充满智慧的引导和热情的激励。

《礼记·学记》中称:道而弗牵,强而弗抑,开而弗达。意为:引导学生而不牵着学生走;策励学生而不推着学生走;启发学生而不代替学生做出结论。引导学生而不牵着学生走,师生关系才会融洽;策励学生而不推着学生走,学习起来才会感到安易;启发学生而不代替学生做出结论,学生才能独立思考。师生关系融洽,学生才能既学习安易,又能独立思考。

因此,“外松”即平和地接纳、温暖地鼓励、热情地激发,充满智慧的幽默表现,是最好的教师行为标准。我们把这种教师行为标准与教师人格中的游戏精神等同起来。希望教师努力修炼自己,使自己随时都能够焕发出游戏者榜样的感染力。

第四章　游戏化教学活动实施指南

第一节　教学的目标与价值追求

幼儿学习过程中需要掌握的知识技能实际上应该有三类：第一类是我们已经熟知的学科或领域的知识技能；第二类是关于学习的知识技能；第三类是为人处事的知识技能。

首先，即便是在分科或分领域的课程模式中，所谓学科或领域的学习活动或作品、知识技能学习也绝对不可能仅仅涉及单一学科或领域的发展价值。其中必然包含与学习内容或方法相关的其他学科或领域中多种不同的知识技能。

如，在舞蹈动作学习的过程中，经常必须面对的数学知识技能有：空间、时间、数量、顺序、统计、测量等。空间概念中又经常可以遇到：内—外、上—下、左—右、前—后、直—曲、收缩—放射以及对称等。时间概念中经常有：先后或轮流、同时；节奏的长短；行进时间长短、行进距离与行进速度的关系等。由单一或多重概念构成的“模式”，即“构成规律”。

其次，人们通常认定的某一领域的发展价值，也绝对不可能仅仅只能通过该特定单一领域的学习活动来达成。如：当我们用舞蹈来表演故事的时候，我们就涉及了文学和戏剧；当我们使用场记、图谱、舞谱、化妆、服装、道具、乐器、布景、灯光（手电）、音响（录音机）时，我们就涉及了美术和物理；当孩子们需要联合学习和工作的时候，我们就涉及了社会；当学习和工作面临疲劳、压力或危险时，我们就涉及了健康。

第三，我们也决不能够因为需要某些对所谓轻松愉快的追求，就让幼儿放弃对这些本来应该在各种活动过程中自然习得的知识技能的追求。

第四，如果把“学习品质养成”单独作为一个发展领域来看待的话，其本身的知识技能就应该包括：观察的速度和全面准确性；创造的速度以及流畅、新颖性及价值考量；澄清问题的意识、解决问题的效率；合作学习的建设性与共享性；以及独立学习的目的性、计划性、坚持性、反思习惯和能力等。

第五，如果把“人格品质养成”单独作为一个发展领域来看待的话，“为人处事”的知识技能也应该包括：友善宽容；乐于助人；善于协调社会矛盾；能够自觉遵守社会规则；善于合作；知恩图报；勇于并乐于承担责任等。

当这些品质能够在现今我们熟悉的所谓七大学科或五大领域学习过程中自然养成的时候，学科或领域的知识技能习得是根本不用担心的。因为例如，你在学习一个作品的过程中，就必然要掌握其中包含的知识技能；当你能够对这些知识技能努力钻研刻苦练习的时候，你就养成了良好的学习品质；当你在集体中善于利用和帮助他人，了解、理解、关怀他人和集体学习需要，能够对别人的帮助感恩并回报的时候，你就必然能在团队的帮助下更有效地学习作品和其中包含的知识技能，同时也发展了自身的良好个性、社会性品质。

我们在处理教学过程中的问题时，讲究的是：价值第一，情境第二，策略第三。前面我们再一次强调了教育教学的价值追求，下面就要开始谈论不同情境中的不同策略选择。

第二节　教师的提问与反馈技巧

一、教师的提问

在教学流程实施的过程中，教师的提问一般具有如下功能：

1. 激发关注和好奇心、好胜心；

2. 引导观察过程中的“聚焦”；

3. 引导识记和回忆；

4. 引导归纳演绎和推理；

5. 激发创想；

6. 引导反思评价；

7. 提示使用策略或做出自律行为反应；

8. 激发自我效能感体验。

二、教师的反馈

在提问引发幼儿反应之后，教师的反馈一般具有如下功能：

1. 引导澄清观察后的模糊认识或错误认识；

2. 引导感知和思维的提升、拓展和深化；

3. 引导练习后的“自我觉错”和“自我纠错”；

4. 激发自我效能感体验。

三、需要注意的问题

1. 不要轻易告知所谓正确答案

在观察模仿的学习过程中，当观察之后幼儿中产生了不同观察结果时，教师一定不要直接对幼儿宣布正确答案。因为，如果教师这样做，就容易养成以下各种坏习惯：1）观察前，不认真倾听观察要求；2）观察中对速度和正确性的自我要求低、观察效率也低；3）观察后，对正确结果了解的期望水平低；4）有些人会对教师公布正确结果产生依赖；5）许多人甚至对教师公布的正确结果亦“漠不关心”。

观察后，幼儿中若产生不同结果，至少有一些是不正确的甚至可能都是不正确的（这里并非指从不同角度看问题）。这时，教师的问题需要指向“反思、验证”。因此，教师应该问：现在大家有不同意见，我是不会告诉你们正确答案的，你们说该怎么办？

这样的提问是指向培养“反思、验证”品质的。因此，一定要引导幼儿说出：请老师再做（唱）一次吧！

这种情况教师一定要这样做，直到养成习惯。幼儿一开始争执，教师千万不要犹豫。教师一旦犹豫，就容易立即引发不同意见幼儿之间的无谓争执。这样不但浪费了宝贵的学习时间，同时还培养了幼儿不反思、不验证，盲目地义气用事，以满足没有价值的好胜心等坏习惯。

2. 不要仅仅是简单接纳

有的时候（可能在观察前，可能在观察后）教师的问题是指向“归纳、演绎、推理”的。如从作品中找出相同与不同，将某种结构迁移到后续的观察或创作中去等。

如：教师在教唱歌曲《秋天多么美》的时候，第一段倾听观察前问：“歌曲中唱了些什么？”第二段倾听观察前问：“哪些地方和第一段是一样的？”第三段倾听观察前问：“刚才第一段唱了棉花，第二段唱了稻花，那么，你们觉得第三段会唱什么呢？”（注：所有三段的第一句和副歌都是相同的。三段歌词内容都属于秋天收获的农作物。）这样的提问，对幼儿思维水平的提升力度，显然强于三段都提相同的问题“歌曲中唱了些什么？”。

在当下的幼儿中，教师提问后往往习惯使用简单接纳的方式对幼儿的意见进行反馈。如：简单地说“哦”、“你的意见是这样”，或“你真聪明”、“你真棒”等。这样的反馈非常容易引发幼儿对学习的“麻木不仁”。因为，这种反馈中没有引导提升、拓展、深化，也就没有激发和激励。

具体如，教师提出问题：如何扮演一棵树？同样面对幼儿站立并向上伸直双臂，A 教师说“哦，你是这样的！”，B 教师说“你是这样的，你真棒！”，C 教师说：“你的这棵树可真高大呀！”

结果三位教师的课堂中出现了两种完全不同的反应。A 教师的班级中几乎没有幼儿关注这个幼儿和教师的互动。B 教师的课堂中仅有少数幼儿稍微关注了一下这个幼儿与教师的互动。而 C 教师的课堂中立即有若干幼儿被前面的互动激发起来，不但做出更细小的树，枝叶扭转的树，还有幼儿主动使用语言模仿教师对这些树的状态进行了描述：“咪咪小的树宝宝”、“好茂盛的树啊”等。

3. 不要轻易否定幼儿的答案

当下教师经常习惯的反馈还有一种，就是否定幼儿的答案。即便目前相当多的教师已经改用间接否定或忽略的方式，其意图还是否定。在这里，我们希望能够提醒教师：千万不要轻易否定幼儿的答案！要真正做到这一点，目前对许多教师来说还有一些具体的困难。其中比较要害的困难之一就是：教师自己的知识面过于狭窄。所以，教师需要随时利用幼儿的启发进行继续学习，随时在生活中主动拓展提升自己。当幼儿提出了自己的意见后，教师可能需要学会说这样的话："好像很有道理哦！"教师也应该学会说："你为什么这样认为呢？"

如果教师说了前面一句话，就需要教师自己能够说得出是什么道理。如果教师说了后面一句话，就要设法引导幼儿(不一定是提出意见的幼儿)说出是什么道理。

如在《秋天多么美》的实际教学中，尽管第三段实际上原歌词是唱高粱。但中班幼儿说第三段应该唱荷花、梅花、水仙花等花卉；而大班幼儿则认为第三段应该唱玉米、大豆、高粱等粮食作物，甚至有幼儿说应该唱秋天收获的农作物。

这时候教师不但不能够简单公布"高粱"这个答案，还需要立即对中班幼儿反馈：哦，荷花、梅花、水仙花都是花，你们觉得，第一段唱棉花，第二段唱稻花，所以第三段也应该唱花，是吗？有道理哦！对大班幼儿，教师则可以说：棉花、水稻、玉米、高粱，这些都是秋天收获的农作物哦！所以都有可能哦！

教师也可以先请幼儿讲为什么，然后再帮助幼儿总结。当然，这样就必然会多花费一些时间。

再如，许多中、大班幼儿在初学手腕转动的时候，会"自外向内"反向转动。教师一般都会简单否定这种转的方法，而且会一边示范"自内向外"的转法一边告诉幼儿："不是这样的！是这样的！"甚至有的教师还会告诉幼儿："新疆人都是这样转的！"(自内向外)

但实际上，转动手腕动作的方向，无论自内向外还是自外向内，根本不应该有对错之分。而且，新疆地区的不同少数民族中，维吾尔族和哈萨克族舞蹈中转动手腕的主要方式本身就是相反的。世界其他民族手腕舞蹈，也都有自己的主要的转动方向。因此，教师对这个动作的教育主要着眼点应该放在：帮助幼儿辨别两种不同的转法的起始点和终结点——先内后转向外和先外后转向内。这些实际上就是数学的时间和空间概念在舞蹈学习中的迁移应用。至于文化的差异，则可以在具体舞蹈的学习中自然渗透。

第三节　故事创编及讲述的技巧

一、故事的编配和出示的技巧

前面已经讲过，在音乐教学活动中，故事作为一个手段，主要的功能是激发幼儿的生活经验和审美情趣，帮助幼儿理解和记忆随乐表演动作，并进一步帮助幼儿精细感知音乐的结构和其他要素。“故事”作为一个环节，一般安排在整个教学活动流程的开始部分，一般情况下与第二个环节“动作”一起，不能够超过总流程的 1/5 时间。否则会因过度耗费幼儿的精力资源，影响后续的学习重点目标的达成。所以，对于新手教师来说，希望能够把故事讲述过程控制在 30 秒之内完成。当然，如果一个流程被拆分成两个活动，故事本身又特别具有丰富的教育价值，适当扩展到 2～3 分钟，有时候也是可行的。但如果一个大班 30 分钟的活动，有的教师的故事已经讲了 20 分钟，还在喋喋不休地强调故事的内容和情节的顺序，显然就属于非常不合适的设计了。

(一) 故事编配的技巧

专门为音乐表演设计的故事，必须具备以下要素：1. 故事角色之间的有趣的矛盾冲突；2. 主要表演动作和表演的逻辑顺序；3. 以上两要素与音乐的结构、性质是否能够匹配和谐。具备这三大要素，才能激发幼儿的参与积极性，帮助幼儿理解和记忆表演动作，帮助幼儿有效感知音乐的相关细节。

故事体裁可以是：1. 普通故事；2. 散文故事；3. 诗歌故事；4. 儿歌故事。教师可以根据幼儿年龄、自己的爱好、特长任意选择故事题材、内容、风格，应该没有什么限制。但主要的问题是：故事的动作主线必须清晰，如果是需要幼儿随乐朗诵的故事，重复的语言要多，不必要的细节宁可舍弃，可以适当加入有趣的拟声词或无意义音节；随乐朗诵的节奏要简单少变化。主旨就是增加趣味，降低记忆理解的难度。

（二）互动故事

如果幼儿已经熟悉相关的故事或绘本的内容，教师可以根据动作表演的需要重新组织故事的内容。原则与前述原则一致，但创编的时候，教师需要将故事内容转变成一个问答的流程，以便尽可能激发幼儿参与到故事讲述的过程中来。

（三）变通的故事设计思路

1. 说唱表演故事——一般适合用于叙事歌曲，如《都睡着了》、《蝈蝈和蛐蛐》、《狐狸和葡萄》、《猴子捞月亮》，以及音乐剧《米格爷爷的鞋匠铺》中的《小鞋子的零点舞会》等。

2. 系列“分节”故事——一般适合用于即时鼓励幼儿创编表演动作的情节，比较简单的律动表演或歌曲表演，如《狐狸和小鸡》，仅仅只有三组对话性的动作：比力量、比舞技、比嗓音。《杀鸡宰鸭》，仅仅只表现抓鸡、杀鸡、拔毛、切块、闻香、品尝的过程等。

3. “猜谜”故事——一般适合用于对中等难度内容的了解、理解，如《萤火虫》、《小雨点》等，并需要与教师的巧妙提问密切结合，如：“一群星星小又亮……谁知道，是什么？猜出的人举手！千万不要说出来，让别人自己慢慢猜！”“个个长着小翅膀……现在又有谁猜出来了？”“过草地，穿树行……小灯挂在屁股上……”再如：“歌曲里的小青蛙问了小雨点一个什么问题呢？”

二、故事出示的技巧

教师出示故事的技巧可以有多种。

1. 教师单纯讲故事

教师单纯讲故事是指：教师单纯使用语言展示故事的内容。在这里，教师仅仅展示的是故事中的冲突以及故事中暗含的相关动作逻辑顺序。

2. 教师配乐讲故事

教师配乐讲故事是指:教师在讲故事的过程中同时播放音乐,并将自己所讲故事的结构与音乐的结构基本一致起来。在这里,教师不仅展示了故事中的冲突以及故事中暗含的相关动作逻辑顺序,而且还同时暗示了故事—动作—音乐三者的关联。

3. 教师配乐边做动作边讲故事

教师配乐边做动作边讲故事是指:教师在讲故事的过程中不但同时播放音乐,还将自己所讲故事的结构与音乐的结构基本一致起来,而且还做出相关动作与音乐相一致。在这里,教师不仅展示了故事中的冲突以及故事中暗含的相关动作逻辑顺序,同时还明确展示了故事—动作—音乐三者的关联。

4. 教师配乐带幼儿一起做动作讲故事

教师配乐带幼儿一起做动作讲故事是指:教师已经将第一、第二环节合二为一。在这里,教师在讲述故事的时候,就已经带领幼儿用动作来感知音乐了。

5. 教师和幼儿用对话的方式一起回忆曾经了解的相关故事情节

6. 幼儿独立复述已经熟悉的故事相关情节

在第二或第三课时的开始,先请幼儿使用语言配合动作来复述前一节课已经掌握了的故事的相关情节。

7. 配乐用动作表演故事请幼儿"猜测"故事的相关情节

8. 给主题或情境引导幼儿创编故事的相关情节

以上 8 种方式,实际并不能够说哪种会比哪种更好。它们的形式不同,功能也不同。第 1 种方式给幼儿留出了用自己提议的动作来表达故事、感知音乐的空间;第 2、3、4 种方式,给了幼儿更早进入音乐感知阶段的可能;第 4 种方式,给了幼儿更早使用他们最有用的工具——动作独立感知音乐的机会。但是,当幼儿需要同时关注几种不同信息输入的时候,注意力资源的利用也被分散了,自然往往不能够更有效地集中解决问题。第 5、6 种方式可以给幼儿特别是中等以下发展水平的幼儿提供“我知道，我可以表述”的自我实现机会。第 7 种方式，教师如果动作设计得巧妙，能够有效提升幼儿的好奇好胜心理，吸引幼儿主动投入。第 8 种方式，教师给出的创意空间越大，对教师来说，激发、引导幼儿思考的技巧要求越高，否则教师自身容易陷入混乱，更谈不上引导幼儿集体走出混乱。

三、故事的讲述技巧

故事讲得好听，原本就是需要运用一些技巧的。更何况在音乐表演的单行线过程中，需要利用讲故事的环节提供一些重要信息。因此，在这种需要产生某些特殊功能的讲故事过程中，下面这些技巧是必须使用而且必须使用“到位”的：

1. 要用语音、语调、语速和音量等技巧，突出未来表演故事时幼儿要记住和表现出来的动作、情节和情绪。

2. 要使用表情和体态表情突出故事中角色性格、情绪和矛盾冲突。

3. 必要的时候要用移动来突出未来表演或游戏的移动路线，并通过移动来吸引幼儿注意，增加故事讲述的情趣。

4. 必要时也可以适当使用教具、图片、视频或绘本图书。

第四节　图谱设计及使用的技巧

在音乐学习过程中使用的图片等视觉性教具，目前大家已经习惯地称之为“图谱”。

一、图谱设计的分类

(一) 图谱的“教育教学功能”分类

图谱在教学过程中支持学习者学习的主要功能有以下几点。

1. 记忆、理解、翻译

协助学习者记忆、理解教师提供的学习内容，或者将专业知识学习中已经学习过的内容，通过自己理解再使用图谱的方式表达出来，进一步帮助自己记忆和理解，同时也锻炼了自己用图形来表达思想或创意的能力。

2. 比较异同、分类、归纳、演绎、推理

由于视觉的图形以及类似符号比听觉和运动觉的符号更具有稳定性，可以由学习者从容、反复地观察，随时使用，所以教师使用这些教具的时候，也可以从容地引导学习者对信息进行分类、归纳、演绎、推理。而且，在集体学习过程中，一个人表述出来的信息，如果能够立即将之图形化，也更有利于学习者团队从容地进行分享。

3. 想象、创造

同样，由于视觉的图形以及类似符号比听觉和运动觉的符号更具有稳定性，可以由学习者从容、反复地观察，随时使用，所以教师使用这些教具的时候，不但可以利用它们来解决上述感知思维效率的问题，而且还可以留出空间让幼儿将自己的思想和创意转化为稳定的可以分享的视觉符号。

4. 歌曲内容拓展或新增其他教育价值

1）歌词创编

顺着前面的想象，创造思路，我们便进入了歌曲内容拓展的图谱使用价值。差不多从上世纪 80 年代末开始，新歌词创编逐渐为广大幼儿教育者所接受，演变成一种普通的新歌教学方法。不过当时主要是幼儿提出新歌词，需要使用绘画方式将之稳定下来时，还是由教师来进行绘制。而如今，已经有越来越多的教师开始进一步将空间开放给幼儿，幼儿设计作品和即兴作品也日益广泛地进入了歌曲图谱的世界。

如《小鸟小鸟》的活动中，幼儿画的是在哪里有阳光，在哪里有花香；在《小雨点跳舞》的活动中，幼儿画的是小雨点在什么地方跳舞；在《月亮蛋糕》和《狐狸和葡萄》的活动中，幼儿画的是小老鼠怎样才能够吃到蛋糕，小狐狸怎样才能够摘到葡萄；在《小蚂蚁避雨》的活动中，A 班幼儿将已经学会的歌词画出来提供给B班幼儿学唱……

2）“猜谜”游戏

“猜谜”对歌是一种古老的传统民间智力游戏，后来逐渐演变成一种歌曲创作的体裁。在幼儿园长久使用的歌曲教材中，也不缺乏这种歌曲。但现在我们要向大家介绍的是另外一种伴随歌曲教学的，专门设计以激发和维持歌曲学习兴趣的“附加”猜谜游戏。“附加”即意味着这些猜谜游戏的内容不是歌曲本身包含的，而是特意从歌曲的内容中引申出来的。

如歌曲《什么乐器在响了》和《是谁在敲门》中，本身都包含了音色听辨的游戏，而新近设计的《超级值日生》，则是先通过音色听辨的方法找出单独歌唱的值日生，成功者可以从两幅类似的图画中辨认出：哪幅是经过值日生打扫、整理的教室情境图。

其实，传统的猜谜游戏也是可以通过歌词创编来拓展的。如《动物猜谜歌》的设计中，就包含了边画边唱边猜的游戏。

3）寻找规律等的智力游戏

顺着前面的思路下来，我们便进入了歌唱学习附加智力游戏这一类的设计。如歌唱活动《冬天的花》是由传递游戏开始的，当传递物在歌曲的特定位置落在某幼儿的手中时，该幼儿便获得一个机会去猜测：从教师提供的数字符号或图形符号后面将特定花（如冰花）找出来（规律可以是任意一种，如单数或双数，圆形或方形，或更复杂的组合）。再如歌唱活动《小鳄鱼夏皮夏皮》是由另外一种传递游戏“点兵点将”开始的，当在歌曲的特定位置教师点到某幼儿，某幼儿便获得一个机会到教师提供的图片中选择小鳄鱼会去“咬”的某一类物品，如交通工具，并快速列举出至少3～5种交通工具等。当然还可能有更多模式等待大家创造出来。

（二）图谱的形象“性质”分类

1. 具体形象

指图谱的形象与真实事物接近，这样的形象比较适合年龄较小的幼儿。

2. 具体形象的夸张变形

指图谱的形象是将真实事物夸张变形后获得的，这样的形象比较适合年龄较大的幼儿。

3. 具体形象的抽象

指图谱的形象是经过抽象的，主要是用来表示一些特殊的意思。如用大波浪表示大鸟，用小波浪表示小鸟；用一个实心圆和一条波浪线表示唱“嘿啦啦啦啦”；用一个感叹号表示喊声“嘿！”；用一个没有软锤的波浪鼓表示唱“郎”，用一个有两个软锤的波浪鼓表示唱“郎里格”等。

4. 通用符号

通用符号指五线谱或简谱中的符号，或者常用的表示数字的符号等。这些符号在需要时偶尔也是可以使用的，但一般不能作为强制幼儿系统学习的知识技能。

(三) 图谱的“作者”分类

图谱的主要创作者可以是教师，也可以是幼儿，也可能是其他相关人员。

教师可以是本班级教师，也可以是其他班级的教师；幼儿可以是本班级的幼儿，也可以是其他班级的幼儿；其他人员可以是家长，也可以是其他偶尔介入幼儿学习的人员。

二、图谱使用的分类

(一) 图谱创作以及出示的“时序”

1. 课前

课前的概念在这里需要特别说明：不是为了上公开课而做所谓“铺垫”工作。教师每一次领导幼儿进行学习，都是一次真实的有发展意义的学习。因此，当我们在课程设计的过程中，将针对同一个作品设计的连续流程分割成若干片段时，课前便是专指图谱创作和第一次出示的片段，正好被安排在了当下教师执教的片段之前。

2. 当场

前面解释过后，这里的概念就清楚了，即：图谱创作和第一次出示的片段，正好被安排在了当下教师执教的片段之中。

3. 课后

这里的概念就清楚了，即：图谱创作和第一次出示的片段，正好被安排在了当下教师执教的片段之后。

如下图所示：

更前的活动	前面的活动	当下的活动	随后的活动	再后的活动

如前面列举的《月亮蛋糕》：

绘本阅读	创意绘画	新歌学习	新歌复习	创意律动

故事听赏	创意谈话	绘画听歌	新歌学习	律动游戏

再如前面列举的《狐狸与葡萄》：

故事听赏	图书绘制	律动游戏	绘画听歌	歌曲学习

故事听赏及别班幼儿创意绘画分享	创意绘画	律动游戏	歌曲学习	创意歌唱

（二）图谱的“摆放形式”

1. 顺序摆放

顾名思义就是教师按照歌曲的内容顺序摆放图片。这种方法比较适合年龄较小的幼儿，或歌词内容比较复杂的学习任务。

2. 无序摆放

顾名思义就是教师不按照歌曲的内容顺序摆放图片。这种方法比较适合年龄较大的幼儿，或歌词内容不太复杂的学习任务。目的是给幼儿留出辨别、思考的自我挑战空间。具体方法又可以分为：

1）幼儿“摆图”排序

即幼儿按照歌词内容出现的顺序来排列图片。可以全班使用一套大的教具，也可以小组和个人使用中、小学具。当然也可以使用现场绘画，但比较费时。

2）幼儿“摆序号”排序

即图的摆放位置不变，幼儿按照歌词内容出现的顺序将序号卡片摆放在每一张相关内容的图片上。当然也可以让幼儿单纯在图片上写序号。

3）幼儿“画连线”排序

即图的摆放位置不变，幼儿按照歌词内容出现的顺序用带箭头的连线将每一张相关内容的图片连接起来。

3. “花式”摆放

前面列举的方法仅仅表现了歌词内容出现的先后关系。“花式”摆放有点像现代的照相簿设计：同时希望能够摆放出视觉形式的美感和跟图片内容的某种特殊内在联系。如歌曲《我爱你》，唱到“青蛙对池塘说，葵花对太阳说，蜜蜂对花朵说，小鸟对蓝天说：我爱你！”时，图谱的画面结构就可能是：

1）画一个大的心形轮廓，将这些小的内容图片按照顺序对称地摆在轮廓线上。

2）也可以画一个中等大小的爱心，放置在黑板的中心，再将小的内容图片按照顺序对称地放置在由爱心放射出来的光芒终端。

3）也可以直接将小图片的内容画在心形轮廓中间，再按照各种自己喜欢的方式摆放。

当然，还有其他各种可能的创意摆放方法。

（三）图谱的“摆放方法”

在学习的过程中，教师还可以根据教学和学习的需要使用以下各种摆放技巧，不断重新激发幼儿的学习兴趣。

1. 藏图

在幼儿逐步熟悉歌词后，将一些图片藏起来，挑战幼儿有意识回忆。注意：通常第一句，或各乐句的前半句，是提示内容的线索，不宜先藏！

2. 换位置

在《虎鹿猪兔鼠》这一类作品里，各种动物出现的先后顺序并没有什

么特别的限定，都是同样押韵的，所以在幼儿已经相当熟悉歌曲之后，让幼儿自己将这些动物的图片重新排列，重新组织歌词，重新演唱，也是一种不错的挑战。

"山中一只虎呀，林中一只鹿，路边一头猪呀，草地一只兔，洞里一只鼠呀，数一数，一二三四，一二三四五，虎鹿猪兔鼠。"

3. 填空

即事先将图片按照先后顺序排列好，再在其中抽去一些，请幼儿倾听范唱之后，将抽去的内容填进空出的位置。使用这种方法，自然会降低难度，比较快速地完成歌词整理的环节，但挑战的难度也就降低了。

4. 翻图

"翻图"字面的含义就是先将图片反扣在黑板上，自然就意味着需要在图片展现之前进行选择和猜测。这种活动能够大大提高幼儿对内容的好奇心和想要正确猜测的好胜心。如在《踏雪寻梅》、《冬天的花》和《小雨点》中，教师都先使用了传递游戏，以决定有机会翻图的幼儿，然后每范唱一次结束的时候，得到机会的幼儿就可以选择翻转一张图片，或看看是否能够翻出自己需要的梅花、冰花；或回答图片的问题："这里究竟是不是小雨点的家呢？为什么？"

第五节 "配合表演"结构类型的设计技巧

合作表演能够激发和满足幼儿的社交需求，是游戏表演活动的重要快乐来源之一。但合作活动本身设计的好坏和教学流程设计的好坏，都会在最终影响幼儿实际获得的快乐体验；弄得不好，还可能成为幼儿混乱和焦虑体验的主要来源。因此，教师必须非常关注我们在第三章提供的"合作表演"教学设计的流程。目的是一定要保证幼儿在尝试合作之前基本清楚合作的具体步骤和方法，以及这些规则与音乐的关系。因为，一旦幼儿开始与同伴合作，教师的示范就不再能够有效提示幼儿了，特别是两两结伴的合作表演。

一、同时“主导与配合”型

这种合作表演的主要特征是:1)一方主导,另一方配合;2)在时间上是同时进行的;3)每一种角色都是从头到尾跟随音乐做动作的。如“小雨下下来,小花喝喝水”这一类,对动作配合的时间精确性要求不严格的,相对比较容易。再如“螃蟹钳子打开,小虾进去逗螃蟹,螃蟹钳子合拢,小虾逃出来”这一类,对动作配合的时间精确性要求严格的,相对比较困难。

这一类合作表演:1)幼儿跟随教师示范模仿相对主动的那个角色。如:小雨、螃蟹。完整跟随音乐练习2～4遍。2)幼儿比较熟练,可以独立随乐做动作以后,教师扮演另外一个角色,先向全体幼儿展示双方是怎样配合的。3)全体幼儿跟随教师模仿练习另外一个角色。4)教师扮演第一个角色和全体幼儿互动。5)教师和另外一位教师随乐示范如何配合。6)教师和一个反应比较快的幼儿尝试合作。7)一对(或两对)反应比较快的幼儿再次尝试合作。全体幼儿观察反馈。8)一对反应比较慢的幼儿再次尝试合作,全体幼儿观察反馈。

二、先后“交替”型

这种合作表演的主要特征是:两种角色表演是交替进行的,即一种角色做动作的时候,另外一种角色是静止不动的。这类合作表演根据发起和反应的关系可以再细分为“回声”型和“对话”型两类;根据发起和反应的时间长短又可以再细分为“乐段”型和“乐句”型两类。

“回声”型通常同时也是“乐句”型。基本上发起者做动作,反应者模仿,就好比回声或镜像。如果是规定动作,对双方的挑战重在交流;如果是即兴动作,对发起者的挑战重在创造,对反应者的挑战重在模仿。对双方的挑战是在对方做动作的时候自己必须克制不动。

“对话”型既可以是“乐句”型,也可以是“乐段”型。基本上发起者做自己的动作，反应者也做自己的动作，就好比两人说话，你有来言我有去语。如果是规定动作，对双方的挑战重在交流。如果是即兴动作，对发起者和反应者的挑战都重在创造。

这一类合作表演有一个重要特点就是一般都可能需要使用一个“难点前置”的教学环节。这个环节，无论是第一还是第二课时，一般安排在教学活动前 1/5 到 2/5 的时间段内。在这个教学环节中，幼儿主要学习任务是：1)学会在自己的表演和合作伙伴的表演之间交替表演和克制。2)如果是即兴发起(即作为领袖)，需要积累一些基本的表演语汇或创造的思路，即兴模仿者需要认真观看和记忆同伴的动作；如果双方都是即兴表演，双方都需要积累一些基本的表演语汇或创造的思路。

除了难点前置环节以外，总的教学流程基本上还是：1)幼儿跟随教师完整随乐用表演动作感知音乐 2～4 遍。不过，这时的动作是教师规定好的。2)教师担任发起者与全体幼儿担任的反应者互动。这时的动作是教师规定好的。3)教师与幼儿交换角色。4)以后的流程可以参考“主导与配合”型，但互动内容可以改成即兴创作的。

由于合作表演的变式可能会很多，这里的分析不可能穷尽，所以还有待大家进一步发现新的应对措施。

第六节　提示设计及表达的技巧

一、提示语——“预令”

“预令”，是保障新学习活动流畅进行、保障幼儿获得胜任感和审美流畅愉悦的重要教学支持策略。

预令就如同高速公路上的提示牌，在需要的时候往往从前方 1 公里处就已经开始，然后是 500 米、200 米、100 米、50 米。对于注意力集中缓慢的幼儿来说，可能需要更多次提前预示。即便是注意力集中迅速的幼儿，在陌生的学习活动环境中，面对陌生的学习任务，两次提醒往往还是很有必要的。

通过预令帮助幼儿及时做好进入、转换或结束某种表演行为的准备，不仅在当下能够有效提高活动的流畅性、完整性，长此以往，还能够帮助幼儿养成未雨绸缪、不打无准备之仗的良好处事习惯，和沉稳冷静的人格倾向。

“预令”是从体育领域借鉴过来的概念。原含义又可以再划分为两个部分：“预令”和“动令”。我们经常听到体育老师或教练喊：“各就各位——预备——跑！”或“全体都有——齐步——走！”实际上就相当于高速公路提示牌上的：前方 100 米——前方 50 米——收费站(停车)。

二、提示语的类型

(一) 普通提示语

在音乐教学或排练情境中，经常听到的相关口令是“预备——起(齐)”。我们把这样的提示语称为普通提示语。

有些表演需要整齐地进行动作转换或最后做整齐的结束动作，使用提示语的原则也是一样的：“提前”、“充分”做好准备！

我们曾经做过试验：在律动游戏《地毯上的游戏》中，最后在倒数第二小节开始拍手两次(各 1 拍)，然后做表示胜利的动作并齐喊“耶！”(2 拍)。但许多幼儿因为来不及做好反应准备而不能整齐进入。于是，我们将结束“动作组合”从倒数第二小节开始提前到倒数第四小节开始：先将双手摊开，表示准备，2 拍一次左右晃动身体，然后再接上述结束动作。由于基本上全体幼儿都能够在倒数第四、三小节做好心理准备，因此，最后就都能够整齐地进入结束动作了。

(二) 情境化提示语

在游戏化的音乐教学活动中，如果能够有创意地使用“情境化提示语”，不但能够在活动开始的那一瞬间迅速有效地引导幼儿准确进入，而且还能够有效激发幼儿审美想象和审美自居心理活动，使幼儿更加投入和享受活动的过程。

有一些表演故事的情境发生在某一天的早晨，如《司马光砸缸》，音乐前奏的第一句做睡觉状等待，第二句做揉眼睛状，第三句做伸懒腰状，第四句做捧书状，其后四句开始念“人之初，性本善，性相近，习相远”，然后开始进入律动表演。教师在每个动作反应开始之前用语言和相应动作提示：“睡觉，揉眼睛，伸懒腰，捧书——读！”

有些表演需要在最后做整齐的结束动作，原则也是一样的。如喜羊羊战胜灰太狼，教师提前说：“注意听！”录音音乐中出现念白：“大家一起喜洋洋！”教师带头将手指做成V字母状，收回（表示：预备），然后带领幼儿一起说“耶！”，并同时将手臂向外伸出。

（三）音乐化提示语

音乐化或者说更加音乐化的提示语是指：在节奏、音色、音量、速度等音乐要素上更加讲究的设计和使用。

如：在律动游戏《天外来客》中外星机器人的提示语：“准备！”“起飞！”“降落！”，这些都是需要用所谓机器的音色和音调来表达的。

再如：在微型音乐剧《米格爷爷的鞋匠铺》的律动表演游戏《零点舞会》中，小鞋子每次以为米格爷爷醒了逃回鞋柜再次出来前，都需要在间奏的最后八拍说：“爷爷没醒，再来一次！”而且说的时候需要从中弱力度开始直至强力度结束整个念白过程，以表达一种偷偷出来玩耍时的特殊逗趣心情。

这样的提示语表现设计毫无疑问是非常受幼儿欢迎的，当然提示准确进入的作用不但丝毫不会受到影响，反而因为幼儿关注提示的动机增强而得到了增强。

（四）情绪化的“提示语”

我们说情境化、音乐化的提示语能够激发幼儿参与的积极性，调动幼儿激情投入；但并不是说幼儿越激动就越好。因为除了不同情境需要不同情绪体验和表现以外，在学习感知、记忆、练习初期需要头脑清醒的时候，教师的提示语过度煽情或不适当地煽情，容易造成不冷静的状态，影响幼儿的正确判断与反应。因此，我们在此给出的友情提示是：当煽则煽，当抑则抑。所以“情绪化”的提示语应该分成两种功能和形态：

1. 激情提示语

教师应该竭尽表演甚至夸张之能势，动用各种表情、体态，配合表情、语言以及语音、语调、语速、音量、音色等，用提示语将幼儿带入表演的情境，享受以角色自居的审美快乐。

2. 抑情提示语

在需要头脑冷静的学习阶段，教师尽可能“假装”出冷静、严肃、警惕甚至有点焦虑的样子，身体向内收缩、绷紧，双腿并拢、弯曲，躯干前倾等。提示语也要尽可能表现出真实的冷静、认真的色彩，以引导幼儿更加严肃地应对相对艰苦的初学任务。

三、提示语出现的位置

“整齐地开始、转换或结束”这些问题在歌唱和奏乐活动中，特别是教师需要使用手势来指挥的时候，显得特别重要。新学习律动时的流畅游戏体验也非常需要教师提示按照音乐的结构准时进出。

(一) 正常—“强起”乐句的提示位置

在正常—“强起”乐句的情况下，教师提供“提示”的位置一般应该设在需要准确进入位置的前1小节的第一个强拍上。

1. 口语提示以及体态语提示

口语提示的类型前面已经分析过了，在口语提示的同时，往往还需要同时伴随体态语的分组表达。在参与学习者已经比较熟练的情况下，口语提示可以提前“退出”，体态语提示往往还需要继续支持一些时间，然后再“识情况”退出。“普通体态语”的核心动作是一种类似呼吸的动作，在说“预备——”的时候，整个身体需要做类似自然吸气的动作。如果是“情境提示语”，动作虽然看似不同，核心的吸气结构是类似的。如果我们说一下一上为1拍的话，向下就是“预备”，向上就是“起”。“起”的后面便是准确的开始。

在奏乐活动中，如果演奏需要连续从一个声部转换到另外一个声部，教师还需要再向前提前一小节将身体和头部预先移动到将要演奏的声部，但手臂仍旧需要继续留在正在演奏的声部前方进行指挥。

2. 2拍子以及3拍子的提示（预令—动令）

如果是4/4拍的或2/4拍的音乐，预令—动令即“预备—起”的节奏可能是：X　X. X或者XX. X。

如果是3/4的音乐，预令—动令即“预备—起”节奏可能是：XX. X，或者是0 XX. X。

（二）特殊—“弱起”乐句的提示位置

在特殊—“弱起”乐句的情况下，因为是弱拍上开始，因此，“预备”就转为必须先向上，“起”也就转为向下，后面正好衔接应该准确进入的那个弱起拍点。

如果是4/4拍的或2/4拍的第四或第二拍的后半拍起歌曲，教师提供“提示”预令的位置就设在需要准确进入弱拍位置前2弱拍上。即：4/4拍音乐在第二拍喊“预备”，2/4拍音乐在前1小节第二拍喊“预备”，当喊出“起”后紧接着就开始演唱。

如果是3/4拍的第三拍进入的歌曲，预令即“预备起”节奏可能是：XX. X，剩下的那1拍就是准确进入的拍点。

请特别注意：如果是跟随器乐音乐进行律动表演游戏，弱起拍上一般最好不要做任何动作，即弱起的随乐动作应该开始在弱起拍后面的第一个强拍上，这样感觉会更加舒适。

第七节　空间与时间设计与调控的技巧

我们都知道，幼儿的兴奋机制发展比较早、比较快，而抑制机制则发展得比较晚、比较慢。所以，如果我们在空间和时间的调控方面不加以精心设计的话，往往可能因为这些方面的困扰造成所谓的纪律问题或课堂违规行为问题，继而会反过来困扰我们自己。

一、空间的设计与调控

简单来说，当我们在集体活动的开始部分需要幼儿注意集中，澄清任务内容和完成任务的具体标准时，我们就需要给幼儿创设一个相对稳定的空间状态。

所以，这时让幼儿在高矮舒适的椅子上坐着，无疑是相对最合适的设计。许多教师盲目照搬所谓发达国家的模式，让幼儿坐在地上。尽管这也叫"坐着"，但显然既不符合人体工程学的原理，也不符合保障幼儿生长发育的健康原理。有些激进的教师一上课就让幼儿站着；或者反复一会儿叫上位，一会儿叫下位；甚至让幼儿蹲着听讲。这些都非常容易造成幼儿的身心疲劳，妨碍幼儿将有限的注意力充分投入到任务认知的活动中去。

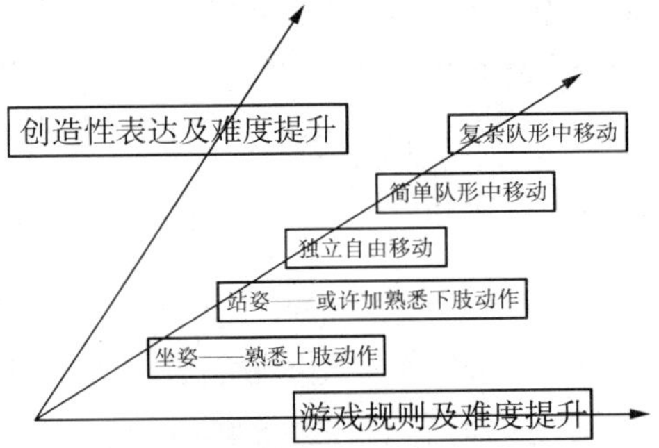

图 4－1

上面是我们给教师提供的创造性律动表演游戏的一个空间设计流程图，可以供大家参考。总的规律是从静到动。待到幼儿身心自然疲劳，可能将要进入通过"兴奋扩散"状态的失控行为来进行自我修复的时候，正好也已经到该休息的时间了。

二、时间的设计与调控

时间的设计与调控也是一个非常重要的问题。许多教师往往喜欢凭感觉上课，而且无论是否重要的话、重要的事，一讲起来或做起来就没个完。即便是一些的确重要的话、重要的事，也不一定都要在一次活动中讲完、做完。因为，幼儿的信息接受容量是非常有限的，疲劳耐受性也是非常有限的。往往即便有些幼儿看起来似乎还比较有精神，但其中也许有多人已经在做着他们自己的白日梦了。所以，教师一定要明白：时间也不是可以随心所欲地来使用的。

时间的调控原则

❖ 1/5原则

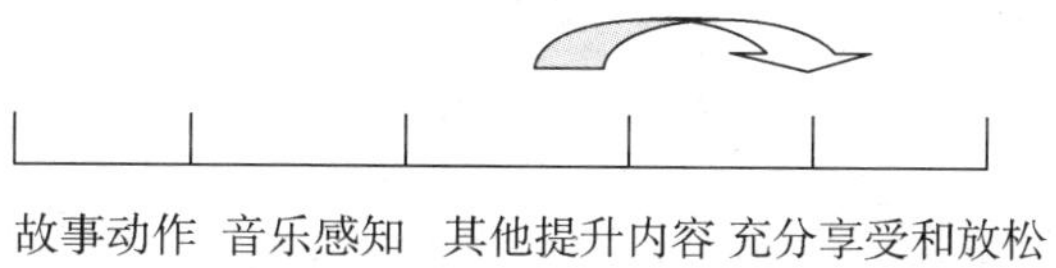

图 4－2

如上图所示：

一般情况下，我们应该基本遵循 1/5 原则，即：无论哪个年龄班，都可以按照总上课时间的 1/5 来划分不同的任务阶段。小班每段为 3 分钟，中班每段为 4～5 分钟，大班每段为 6 分钟。

以创意律动游戏为例，解决倾听理解故事和创编动作的任务，不能超过第一个 1/5 的时间，第二个 1/5 的时间用来解决动作和音乐的匹配问题，第三个 1/5 的时间可能仍旧需要继续解决动作和音乐的匹配问题，但为了提升幼儿的学习积极性，往往也需要累加一些难度逐渐过渡到新任务，并逐渐过渡到第四个 1/5 的时间。最后一个 1/5 的时间主要用来娱乐和放松，一般就不宜再增加新的学习任务了。

练习题与常见问题提示

一、练习题

1. 将本章第二节至第七节特别指出的提问与反馈、故事、图谱创编、配合表演流程以及提示的设计与表达等各节内容，一一应用到自己的教学设计与实施过程中，仔细体验这些细节对提升幼儿学习的舒适程度和学习效率的重要性。

2. 和自己的同事一起设计，相互观摩、研讨，共同分享各自不同的心得，以求对这些细节调控策略的熟练掌握和灵活应用。

二、常见问题提示

1. 教学策略中提到的各种问题方法，不仅是心理学、教育学的理论原则的体现，更是优秀一线教师长期实践中总结的经验和教训的分享。初学者还是应该谦虚地耐心理解和尝试。并且，这些策略的设计应用都是需要反复实践磨砺的，不要有投机取巧等侥幸心理。

2. 初学者不要指望一口气吃成个胖子，应该耐心细致地一个问题一个问题地慢慢学习到熟练掌握。

3. 初学者也不要单纯靠自己一个人的力量来进行自我完善。我们教师培训的经验告诉我们：实践加反思加团队支持，这样一个公式是非常好用的。

第五章 游戏化教学活动的反思与评价

第一节 教师的过程性评价

一、过程性评价的指向

尽管当代传统的“过程性评价”仍旧单纯关注教师对幼儿进行评价的立场。但其最重要的核心已经转向强调通过对幼儿在学习过程中表现出来的学习品质和人格品质实际问题,诊断幼儿发展、学习以及自身教学存在的问题,并以此为依据来进一步制订后续的教学目标、方法及未来的教学计划。

但是当下,大多数觉得自己比较负责的教师的眼睛还是仅仅聚焦在幼儿对学科知识技能的掌握上。有些觉得自己掌握了新观念的教师甚至只看幼儿高兴不高兴。而这些所谓的高兴,又往往可能仅仅是由于教师无效的放任和幼儿百无聊赖的自娱自乐引起的。这是非常危险的评价思路!

前面我们已经讲过,幼儿需要在我们支持下一步一个脚印地前进。他们能够看得见的进步是知识技能的掌握和好奇心、好胜心因此而得到满足!在幼儿这个年龄阶段,他们是没有能力看见自己的学习品质和人格品质方面的进步的。但作为教师,我们必须看得见。

由于人们不可能追求自己看不见的东西,因此,我们就要学会看这些品质是怎样一步一个脚印地被培养出来的。

如果我们认为注意力集中快、坚持时间长、不易分散或转移是好的学习品质,我们就应该使自己的教学流程能够有效激发和维持幼儿对学习任务的注意力。如果幼儿能够有效集中注意在学习任务的逐步达成上面,被学习的作品和其中包含的知识技能就必然能够有效习得,幼儿也必然能够获得有价值的自我效能感。

如果我们认为积极的思维和想象是好的学习品质,我们就应该使自己的教学流程能够有效调动和提升幼儿的思维和想象能力。如果幼儿的思维和想象能力获得了有效的调动和提升,学习作品和掌握知识技能的效果必然会事半功倍,幼儿也必然能够获得有价值的自我效能感。

如果我们认为向他人学习、帮助他人学习、积极反思、自我调整、自觉自律等行为既是好的学习品质又是好人格品质,我们就要创造条件让幼儿去做这样的事情。如认真倾听别人的发言,对别人发言内容中有价值的内容积极吸收,积极向集体和他人提供自己的意见,对别人的启发及时表示感谢,在合作的学习过程中学习调解矛盾,积极为团队的共同目标提供力所能及的贡献等。如果我们能够引导幼儿注意这样做了,幼儿就必然会成为团队学习的建设者和共享者,团队学习的效率就必然会不断提高,幼儿也必然能够获得有价值的自我效能感。

如果学习过程都能够让幼儿获得有价值的自我效能感,还需要担心幼儿不喜欢学习吗?还需要担心幼儿学不好吗?

因此,当幼儿的学习发生障碍的时候,教师的过程性评价一是指向自己:我做了自己应该做的工作吗?二是指向幼儿:他们的学习品质和人格品质发展在这里遇到了什么挑战?然后是:我应该怎样帮助他们?

二、过程性评价的方法

过程性评价的方法可以从两个方面来讨论:一是教师,二是幼儿。由于幼儿年龄小,所以幼儿评价一定是需要教师来引导的。

1. 教师的直接评价

教师的直接评价是指教师直接使用语言以及体态语言对幼儿的行为或意见表示接纳、肯定或质疑,必要时也可以予以否定。教师评价的原则是:明确评价对幼儿有积极意义,并密切关注评价对幼儿产生的实际影响。不是为了评价而评价，而是为了激励和引导而评价。

2. 教师的引导评价

教师的引导评价是指教师使用引导性的问题，激励或引导幼儿进行自我评价或相互评价。使用这种评价的目的最主要是：使幼儿学会使用反思性评价，学会用评价来自己决定努力的方向和努力方法。在使用这种评价的时候，教师经常使用的语言可以是：大家觉得怎么样？有什么问题吗？有什么地方不清楚吗？谁觉得自己有什么特别想法？谁觉得自己有什么困难？有人觉得需要帮助吗？或者，我们闯关成功了吗？过不过？还需要再来一遍吗？……

三、需要注意的问题

1. 不要轻易说"你真棒"

当下许多教师都学会了对幼儿说"你真棒"。应该说这是一种进步——教师了解并认可幼儿是需要鼓励和激励的。但是我们的评价策略使用还应该"更上一层楼"！否则，过度地不切合实际地使用"你真棒"这类评价语，至少容易造成两种不良后果：一是让幼儿产生对外部评价的依赖，一旦没有了这种外部评价，幼儿就会对自己努力结果的价值产生怀疑；二是让幼儿对自己的能力产生不切实际的认知，这种认知在没有被自己正确重构之前，幼儿容易"高看"自己，对自己提出不切实际的要求，在达不到的情况下，自降学习标准，养成"马虎了事"的坏习惯；而一旦认识到自己的能力实际达不到，又容易产生"自暴自弃"的态度和行为倾向。

因此，教师不要轻易地滥用"你真棒"这类评价用语。一旦需要使用，教师一定要让全体幼儿明了：这个被赞扬幼儿的行为到底为什么需要被强化。比如：他勇敢地克服了一个什么障碍；提出了哪些新颖的创意；给了大家什么样的启发等。另外，正面的赞扬可以有许多具体的完全不同的语言和体态语言，教师的语言应该更加丰富。还有一个重要原则需要特别提及，就是：赞扬努力而不赞扬能力！如"你真会动脑筋！"

"看样子是花了工夫想出来的!""你很会吸取别人的好想法!"等表达,就显然比"你真聪明"要更合适!

2. 不宜提供反面例子

心理学告诉我们,在学习者对学习领域的内容了解比较少,认知判断水平比较低的情况下,如果提供反面信息,反而会给学习者的思维过程造成更大困难。因此,教师在教学过程中发现幼儿的错误反应时,应该首先提供正确的范例。对于年龄稍小的幼儿,教师应放慢示范的速度和夸大突出动作的要领。如中班学习"踮步"时,幼儿还不习惯于以一条腿作为主力腿行进,教师可以脱掉一只鞋,让幼儿看清楚:只有动力腿在运动。对于年龄稍长的幼儿,也可以在提供正确范例后引导他们分析问题和比较正误范例之间的差异。再如手腕转动"先外后内"与"先内后外"的异同;新疆舞"进退步"(先进后退,脚步轻盈)与藏族舞"退踏步"(先退后进,脚步顿措)的异同。教师如果坚持这样做,久而久之,幼儿便能够养成对细节的差异辨别的情趣和敏锐性。

第二节　幼儿反思评价的内容

一、评价和提问也都属于学习的知识技能

在新的教育教学视野中,评价和提问本身也都属于"学习的知识技能",因此也都需要教师进行专门性的教育引导。

如在传统的教学活动中,每个环节教师都可能进行评价设计,只不过这些评价完全是由教师直接来进行的评价,即便是教师进行了提问设计,但问题的答案是封闭性的,并没有能够有意识地设计如何通过提问来促进幼儿的自我评价意识和能力发展。但现在,新的教育立场要求教师要有意识地通过提问放出空间,以便能够锻炼幼儿自己来学习怎样自我评价和怎样通过提问来"自我觉错和自我纠错"。

如果幼儿没有这样的习惯、能力和积极性,教师可以平时在班级中

开展一些锻炼提问和评价能力的专门性活动,类似"评价节"、"提问节",集中时间初步解决幼儿态度问题。如请幼儿从家里带一个比较稀奇的玩具或工具,准备一些能够引发好奇心的问题,先向大家提问,再让大家提问。教师可以把大家的问题用幼儿可以理解的方式记录在黑板上,一一澄清。重点是让幼儿体验提问和澄清问题的快乐。

另外,教师还需要在日常教学和生活中,及时帮助幼儿使用正确的提问句式,正确地表达他们的问题,使问题能够得到圆满的解决,以进一步激发他们提问的积极性。

集体教学活动中,教师可以预成地引导幼儿进行反思评价的内容体系。以歌唱活动为例,可以参考下图:

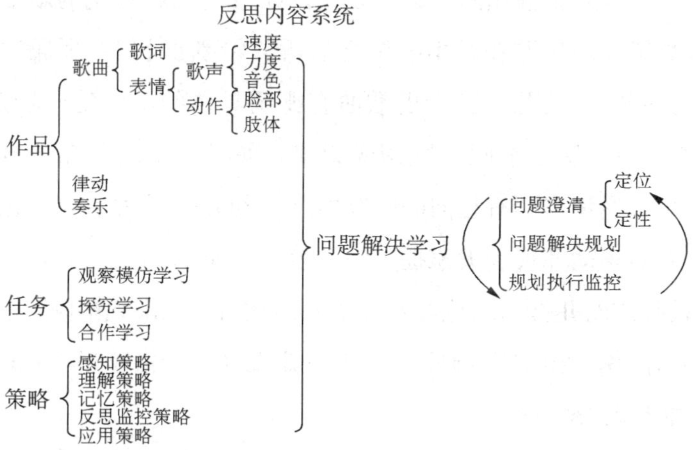

图 5-1

二、常规的教学设计和特殊的教学设计

1. 常规设计

常规的教学设计主要指那些比较更注重使用"有意注意",从认知入手循序渐进地学习、掌握作品的教学设计。新歌教学如:先倾听歌词,理解歌词、记忆歌词,然后进入整首或整段歌曲学唱。在这种设计中,教师设计的幼儿提问环节主要有:倾听教师范唱之后,幼儿可以提问自己没

有听清楚或没有听懂的歌词；在初步理解记忆歌词之后，幼儿可以提问自己觉得不理解或记不住的歌词，或提问记忆歌词的方法；在初步完整练习演唱歌曲之后，幼儿可以评价学习的效果并提问澄清没有完全掌握部分的掌握标准。如在初步练习后，经常需要注意适时“特别加挂”引导幼儿发现“技术阻碍”的环节。如歌唱“唱不上去”，或“唱不下去”了，是音太高，太低？是气息不够支撑？是歌词或曲调不清楚，不熟悉，不理解？是速度太快，太慢？……然后必然是和幼儿一起讨论，确定原因并一起寻找解决措施。

2. 特殊设计

特殊的教学设计是指那些比较更注重使用“无意注意”，从游戏入手循序渐进地学习、掌握作品的教学设计。如果使用游戏化的新歌教学特别设计，必须在随乐游戏基本熟练之后，再“特别加挂”一个通过幼儿自我评价的环节：让幼儿自己指出歌曲有哪些具体的不清楚（没有把握），究竟怎样唱或干脆不会唱的歌词或旋律。如果一个幼儿知道自己的问题，教师必须邀请与其有相同的问题的其他幼儿举手表示自己也有同样的问题，并对该幼儿代表大家提出问题表示感谢。

在教师或幼儿做出示范或发表意见、创建后，如果观察倾听的幼儿之间产生了对观察结果的不同反馈，教师一定要注意严格遵守以下原则：

1. 不鼓励“想当然”

我们鼓励“推理”，这原本可能是一种积极思维，即企图迁移原有的相关经验提高学习效率的优良品质。但是一旦“习惯了只‘推理，而不验证’”，便易造成“负迁移”——看错即做错；久而久之，还会转变成为一种凡事“想当然”的坏习惯。

2. 不鼓励“无谓争执”

在没有经过教育引导的班级中，幼儿往往会自然坚持自己的意见，而不会自然拥有淡定从容的求证验证习惯。因此，教师一定要快速制止幼儿间的无谓争执，告诉他们争执是没有用的，并应该随即引导幼儿转而“关注真正的事实”。

3. 不公布“正确答案”，也不主动提供“再展示”

出现这种情况时，教师一定不能够公布正确答案，而且必须随即“加挂”邀请全体幼儿进行自我验证评价的环节，即引导幼儿“主动要求发表者重新示范或发表”，直到找出、认可唯一正确答案为止。

4. 不鼓励持正确答案者对其他人员“炫耀胜利”

在没有经过教育引导的班级中，最后被证实持有正确观点的幼儿往往会自然产生对其他人员“炫耀胜利”的行为，这种行为也是不应该允许出现的。

我们需要培养的是“淡定从容”和“只对真理本身感兴趣”的好习惯，而不是培养一旦胜利就用炫耀的方式来“打击别人抬高自己”的坏习惯。

三、需要注意的问题

1. 一定要使用幼儿能够理解的语言和方式来交流

教师一定要非常注意使用幼儿能够理解的语言和方式来交流；讲解内容应相对简洁，多步骤需分段讲解等。如许多情况下还需要要求边观看教师操作边听教师讲解。比较简单的内容可以允许或要求幼儿边观看教师示范边自己尝试操作；比较复杂的内容一定先看、听教师讲解示范，再邀请从反应较快到反应较慢的幼儿当众尝试，基本弄明白之后再开始独立练习。否则一旦幼儿因错误认知在练习中形成错误动力定型，后面反而需要花费更多精力来纠正；或者一旦在认知上进入纠结、迷茫的状态，随后就很快会生产疲劳和厌烦。

2. 一次活动不适宜“纠结”过多问题

幼儿的身心稚嫩，承受负荷的能力和时间都有限。因此即便是幼儿能够应对的问题，也不适宜在一次活动中让幼儿过长时间纠结一个问题或反复提出多个问题让幼儿来解决，否则幼儿也会疲劳和厌烦。

3. 评价及提问教育要持之以恒

评价及提问教育一定要持之以恒，细水长流，才能真正切实帮助幼儿养成态度、形成习惯、提升能力。必要时也可以专门设计一些活动、游戏：提问游戏、找问题游戏等。幼儿在这方面的点滴进步要立刻表扬，在班级形成风气，让幼儿愿意发现问题，乐于澄清问题，勇于面对问题，努力解决问题。

4. 不能忽视相互感恩的教育

当然，如果有人用提出疑问或困惑的方式对大多数人肯定的结果提出质疑，教师还需要引导全体幼儿对这些“表示需要进一步验证的人员”表达感谢。

特别需要再次提出的是：幼儿往往会惧怕提出自己的问题或困难。这都是因为教师长期使用不恰当的“浮躁”评价所造成的。如经常说“你真棒”之类的话，或仅仅只对教师期望的所谓正确行为反应。因此，教师需要特别注重随时鼓励敢于提出问题或困难的行为，并且要告知全体幼儿：“因为他们勇敢地提出了问题和困难，我们所有拥有相同问题或困难的人因此都得到了帮助，我们应该感谢他们。现在请大家为他或他们鼓掌表示感谢！”

第三节　幼儿反思评价学习的指导

小班幼儿在早期只要学会开始“关注”与反思评价有关的概念词和行动方式就可以了；到了中班阶段，幼儿需要开始从教师提供的信息当中逐渐积累更多的相关知识，并在教师直接指导下初步尝试使用这些知识来进行反思评价；大班阶段，幼儿应该逐步开始在教师引导下迁移相关知识，在新的情境中主动进行反思评价。

一、观察模仿学习的反思评价引导

1. 小班反思评价引导

小班幼儿对学习任务和任务达成标准的理解和记忆都尚处在萌芽状态。因此，教师此时的主要任务是引导幼儿慢慢开始关注：学习的具体任务究竟是什么？自己努力之后究竟是否达成了学习任务的具体标准？

同时，教师此时需要更多结合实际的范例来帮助幼儿认识任务的具体内容和任务标准的具体行为状态。

（1）感知、理解和初步记忆后的反思引导

以歌曲学习为例：歌曲的学习内容主要是歌词、曲调及两者间关系；律动的学习内容主要是音乐、动作及两者间关系；如果是奏乐活动，还需要掌握音乐、动作、乐器三者的关系。

首先，理解是感知和记忆动机激发的必要先决条件，也是感知和记忆效率的先在重要基础。因此，利用幼儿已经具备的相关经验，使用类似讲故事一样的语言和伴随动作，必要时还可以结合实物、图片或视频，首先让幼儿了解下面将要感知的内容是一个能够激发他们原有经验的有趣对象的整体形象或有趣事件的整体逻辑内容。

因此，教师千万不要一开始就“要求幼儿观察示范并同时要求幼儿观察示范后立即描述教师示范中的内容”，而是一开始应该让幼儿了解并理解：下面将要出现一个他们一定会好奇的事情，或是能够显示他们本领的事情。

目前，绝大多数教师几乎都是直接让幼儿观察和描述，其结果必将是：不同幼儿只能描述出自己理解和感兴趣的不同“内容碎片”（甚至这些所谓碎片内容还有部分是误解的，即幼儿自己所谓“想当然”的内容），而不能够描述出有趣对象的整体形象或有趣事件的整体逻辑内容。由于无完整意义的“内容碎片”是不容易被理解和记住的，因此也就出现了“观察后反思”任务不明确，反思效率低下的结果。

如小班歌曲《妈妈我要亲亲你》的歌词为：妈妈呀妈妈呀，我要亲亲你。亲亲你的额头，摸摸你的脸。亲亲你的鼻子，摸摸你的脸。亲亲你的嘴巴，摸摸你的脸。

如果教师先问幼儿：他们的妈妈是不是爱他们，他们是不是也爱自己的妈妈等问题，再出示妈妈头部的挂图，并让幼儿从容地观察手偶娃娃（嘴巴沾了红色颜料）是怎样“自上而下”依次在妈妈脸上亲出唇印的，都亲了哪些具体部位(部位名称),然后再用从容的速度"清唱"范唱。千万不要使用钢琴伴奏,更不要使用录音伴奏,甚至直接播放录音中的范唱。

(2) 练习和进一步记忆后的反思引导

初步练习之后,幼儿的学习任务应该主要是反思评价:是否能够正确再现全部内容以及内容细节和细节的顺序。在上例中,部位名称和部位出现的先后顺序是反思的重点。教师的引导问题主要可以有:会唱了吗?(幼儿这时候需要学会理解"会唱"的标准是什么。)都会唱了吗?(幼儿还需要学会理解"都"就是全部的意思。)

由于小班幼儿对自己的"疑惑"或"错误"进行精确"定位"、"定性"的能力尚未发展起来,因此还需要使用一些游戏的方法让幼儿有机会独立演唱,让他们将自己的疑惑或错误"暴露"出来,然后再让他们理解:有疑惑或错误的情况出现,就可以说是"那个地方不会"。如果不会,就可以说"这里我不会"或"后面我不会了"。

如教师事先预计或在引导幼儿评价之前就发现幼儿会在"额头"这个词上出问题,就可以采取幼儿之间的"轮流接唱游戏"或师幼之间的"轮流接唱游戏",同时伴随教师用手或手偶亲幼儿相应部位的行为,来激发亲密情感,缓解紧张情绪。教师也可以鼓励幼儿使用图谱,即到图谱上面把那个"不会的"位置用手指出来;或鼓励幼儿在自己、同伴或教师的脸上将那个位置指出来;当然教师也可以自己用手故意在幼儿的脸上轻轻指点,同时假装不清楚:是这里吗? 是这里吗? ……

问题澄清之后,教师随后可以直接告诉幼儿,也可以邀请知道的幼儿来与同伴分享。当然最后还是需要通过特别的反复练习来达成掌握。

2. 中班反思评价引导

如果小班阶段已经认真有效地进行了相关培养,中班幼儿对学习任务和任务达成标准的理解和记忆都会获得一些粗浅的进步,已经能够基本理解学习有具体任务和常见任务的内容;学习新歌曲、新律动、新打击乐曲,或复习某个已经学习过的作品并增加新的表演技能等;而且也初步积累了一些达成某些常见任务的具体标准,如歌曲的歌词和歌词顺序是需要记住的，而且是需要准确再现的等。

同时，教师需要更多结合实际的范例来帮助幼儿积累认识任务的具体内容和标准行为的概念词汇，如音高、节奏、速度应该和钢琴、教师、同伴的是“一样的”等。

(1) 感知、理解和初步记忆后的反思引导

以律动学习为例：律动组合动作的学习任务主要包含记住和使用动作反映出音乐与动作的配合关系，中班下学期还会包含与同伴或集体在情感呼应和简单空间协同方面的内容。有些律动音乐本身就是歌曲，或者教师另外为乐曲加配了歌词或儿歌朗诵，因此可能还会有记忆以及再现歌词或儿歌的任务。

中班幼儿仍旧年龄幼小，不适于使用太抽象的语言来理解、记忆这些任务，我们已经告诉教师们可以自己创编一些精练的幼儿理解并喜欢的故事，以便一一对应音乐和动作的关系，因此，教师在引导幼儿反思的时候，应该首先引导幼儿使用“表述故事情节的语言”：谁？先怎样？后怎样？最后怎样？中间少了什么吗？如《米格爷爷的鞋匠店》中就是：爷爷睡了，一只鞋子跑出去玩(创意造型)——另一只鞋子也跑出去玩(对称模仿造型)——两只鞋子一起跳舞(踏步拍手；再重复踏步拍手；打个招呼；再重复打个招呼)——爷爷醒了，赶快一起跑回家。

由于故事情节通常不会出现严格重复的形式，但音乐和动作却是通常需要通过重复练就形式的韵律美，所以在回忆细节的时候，往往还需要引导幼儿自然使用数学的方位、数量、顺序、时间长短等概念，以便辅助幼儿的精细感知与精确再现。

当然，使用图谱，将不稳定的听觉表象用比喻的方式固定下来，也不失为一种好方法(并非必须)。另外图谱还可以在以后的练习以及练习后反思的学习中进一步使用。

(2) 练习和进一步记忆后的反思引导

在跟随音乐练习的过程中，教师可以增加“记忆术”使用方面的指导，即鼓励幼儿尝试评价自己，是否可以完全凭记忆独立练习；或是否可

以边做边回忆故事情节；或是否需要偶尔看一下教师或同伴；或是否可以在想不起来的时候偶尔看一下图谱等。

在练习之后反思的时候，可以鼓励幼儿回忆：自己使用了什么方法？效果怎样？还有什么困难需要教师或同伴帮助？每次分享后，教师都要对能够清晰反思的幼儿给予赞扬；同时对那些害怕表达的幼儿给予鼓励，对表达有困难的幼儿给予帮助：你是这个意思吗？可以这样说……你再试着说说看？

3. 大班反思评价引导

如果小、中班阶段已经认真有效地进行了相关培养，大班幼儿对学习任务和任务达成标准的理解和记忆会获得比较明显的进步：一般已经能够理解学习任务应该努力争取高质量完成；而且也基本达到了歌唱、律动表演、奏乐三种常见音乐学习任务的具体标准。

同时，教师需要更多结合实际的范例来帮助幼儿积累更多认识任务的具体内容和标准行为的概念词汇，如前奏、间奏、尾奏、乐句、乐段、休止以及独唱、领唱、齐唱、轮唱、合唱等。

(1) 感知、理解和初步记忆后的反思引导

以奏乐学习为例：打击乐器演奏学习任务主要包含记住和使用动作操作乐器，反映出音乐与乐器发出的声音之间的配合关系，大班下学期还会包含更多与同伴或集体在情感呼应甚至空间移动协调方面的内容。有些奏乐音乐本身就是歌曲，或者教师另外为乐曲加配了歌词或儿歌朗诵，因此可能还会有记忆以及再现歌词或儿歌的任务。另外，大班还会有“预先设计创作”或“当场即兴创作”的配器学习内容，甚至还有在完全没有音乐可以跟随演奏的情境中，集体、小组或个人用乐器自己创作出一个独立的打击乐作品。

虽然大班幼儿已经长大许多，但毕竟还仅仅是5～6岁之间的年龄。尽管教师已经遵循循序渐进的原则来设计不同步骤中的不同任务层次，但学习任务中间包含的因素以及各因素之间的关系都要搞清楚、记住，并且正确反应出来，仍旧不是一件轻而易举的事情。

因此，教师更应该注意引导幼儿理解：每一个步骤的任务必须在该步骤结束之前完成，下面的任务才可能在其基础上很好地完成。

一般情况下，奏乐学习的活动都是在律动组合动作学习任务完成之后才会进行的。因此，如果律动组合动作学习任务完成良好，是下面使用乐器进行随乐演奏的基础。

通常前一课时已经初步掌握了律动组合动作，新课时开始是复习活动，教师应该重点引导幼儿自检：是否已经基本能够独立（不依靠其他人提醒）随乐做动作？是否需要进一步进行上一个层次的熟练化练习（复习）？……

（2）练习和进一步记忆后的反思引导

通常在分声部合作练习开始之前，教师需要引导幼儿自检：自己是否已经明确自己属于哪个声部？自己的声部在音乐的特定部位应该做什么动作，不做什么动作？教师怎样指挥的时候自己应该做怎样的反应？以及不同声部之间是怎样相互配合的？……

在刚刚开始分声部使用乐器实际演奏的过程中，教师应该重点引导幼儿自检：自己或自己声部的演奏是否舒适？是否有错误或困难？与指挥或其他声部是否配合良好？……

如果是小组设计或小组即兴演奏，除了音乐和乐器方面的问题以外，教师应该重点引导幼儿反思“小组人际交流合作”方面的学习任务和标准，如轮流发言，安静倾听别人发言；选举临时领袖，听从临时领袖的组织协调意见；将认可的方案记录下来；认真排练等。

二、探究创造和问题解决学习的反思评价引导

探究创造学习和问题解决学习，与观察模仿学习有着完全不同的学习内容、方式和学习任务。因此，在方式评价的过程中，教师的引导反思、评价的方向也是完全不同的。在整个幼儿园阶段，各方面教育的重点在培养探究创造学习和问题解决学习的基本习惯，而其中，态度——喜欢从事探究创造性学习和对问题以及问题解决有高度敏感性并乐于

坚持不懈地投入其中，又是这一阶段教育的重中之重。

1. 小班反思评价引导

在小班阶段，探究创造学习的主要内容可以有：在教师的范例指导下，为歌曲创编简单的新歌词或表演动作；将歌表演动作或律动表演动作转换成乐器演奏动作等。问题解决学习的主要内容经常可能是：我记不住歌词或动作怎么办？我找不到朋友或新朋友不愿意和我合作怎么办？我不能够快速换到新的乐器组或游戏中不能快速上位"逃避危险"怎么办？……

由于小班幼儿积累的探究经验、创造思路和解决问题策略非常有限，因此在此阶段，尽管作为教师也有必要向幼儿提供独立思考和发表创见的机会，但更多的工作还是要向幼儿提供大量有用思路和有效策略供他们使用和积累储备。

例如，在快速结伴或交换演奏位置（乐器）的活动中，小班幼儿最常见的问题症结主要在：1）不能够提前为自己计划"未来"想要获得的同伴、位置或乐器；2）不能够对"开始动作的信号"的出现保持必要的警惕和合理的时间预期；3）不能够预先或即兴设计前往目的地的"最短路程"；4）当第一个目的不能实现时不能够"快速选择新的目标"等。

另外，在创编等探究创造活动的过程中，教师可以经常使用"他刚才"说了什么或做了什么的方法来帮助幼儿反思。当然，在小班下学期，教师可以先使用"你刚才"作为开始，让幼儿有自己先尝试表达的机会。如果幼儿出现反思表达困难，教师再使用"他刚才"的反馈方式。

教师此时的众多指导行为中，最忌讳的行为就是急于快速完成这一所谓"组织转换"环节，催促幼儿或干脆代替幼儿完成任务。殊不知这里出现问题，正是幼儿发展探究创造、解决问题意识和能力的大好时机。

因此，我们在这里提倡以下这些正面的教育行为：1）淡定地提示幼儿，让他们也能够从容地发现"这是一个问题，需要自己想办法解决"；2）有合适的幼儿同伴榜样的时候，可以使用同伴榜样（由于小班幼儿很可能会存在语言表达和理解的困难，需要教师使用语言来清晰描述同伴榜样的“高明”所在。这一时期，幼儿可能更多地从教师的描述中积累描述的语言和实际事件之间的关系。重点积累简单的“概念词”，如高低、长短、快慢；以及描述做事流程的句式，如先想或看好……再……）；3）教师直接提供解决问题的策略，在讨论情境中请相关幼儿在大家面前尝试、练习，然后再在“实战”情境中，观察、提醒相关幼儿使用这些策略，最后往往还有必要提示幼儿反思、体验这些策略应用之后的良好效果。

2. 中班反思评价引导

在以上良好的教育基础之上，中班幼儿已经积累了一定的相关经验，探究创造学习的主要内容可以有：在教师的提问引导下，为歌曲创编简单的新歌词或表演动作；将歌表演动作或律动表演动作转换成乐器演奏动作等。问题解决学习的主要内容经常可能是：想要记住歌词或动作可以有哪些以前用过的好办法？结伴合作时有哪些方法可以帮助我快速找到朋友或加入团队？快速换到新的乐器组或游戏中快速上位“逃避危险”怎样才能够不和他人发生争抢或碰撞？……

由于中班幼儿积累的探究经验、创造思路和解决问题策略仍旧比较有限，因此在此阶段，尽管作为教师仍旧有必要一方面向幼儿提供独立思考和发表创见的机会，另一方面还是要向幼儿提供大量有用思路和有效策略供他们使用和积累储备。

中班幼儿的独立思考和独立行动方面的能力已经有了很大的增长，但理解行为选择可能的场景和客观条件方面还有待进步。因此，在探究创造和问题解决学习方面，中班幼儿的主要任务可能会侧重在：在什么情况下可以或不可以做什么事情？当事情不能够按照自己的意愿发展的时候，应该怎样通过听取别人“讲道理”和与别人“讲道理”的方法来澄清问题的症结并学会通过讲道理的活动来控制调节自己的不良情绪。

因此，在探究创造活动过程中，教师可以经常使用“你刚才”作为开始，让幼儿有更多自己先尝试表达的机会；如果幼儿出现反思表达困难，教师再使用“他刚才”的反馈方式。到了中班下学期，教师可以在开始创编之前就提倡：先想好，再尝试，最后还要自己讲给大家听：“我刚才”打算……

教师的确应该特别关注：有问题就让幼儿有机会自己来解决。但是，中班幼儿毕竟还年幼，若每次出现问题都要立即来解决，往往容易破坏核心学习活动的流畅性，加速幼儿的疲劳进程，降低全体幼儿的快乐学习体验水平。因此，教师应该比较谨慎地选择问题解决学习的内容和数量。少数个别幼儿的超常或低常问题：如果教师能够引导一般幼儿帮助解决低常幼儿的问题或引导全体幼儿关注超常幼儿的问题，也是可以集体讨论的；如果教师自己尚不能够引导全体幼儿的积极投入，则不宜选择。

3. 大班反思评价引导

在以上良好的教育基础之上，大班幼儿已经积累了更多的相关经验，探究创造学习的主要内容可以有：除了在任务情境引导下，为歌曲创编更新颖有趣的新歌词或表演动作，将歌表演动作或律动表演动作转换成有个性的乐器演奏动作外，问题解决学习的主要内容经常可能是：在不同的情况下，不同的人想要记住歌词或动作可以有哪些不同的好办法？结伴合作活动中当仅仅剩下少数人没有结伴时，有哪些方法可以帮助我更快结伴或加入团队？“自由空间状态”下怎样快速找到合适自己或团队运动的空间而又不会影响到其他个人或团队？各种竞争性的游戏中，怎样才能够保障公平、公正、和谐、共赢？……

虽然大班幼儿积累的探究经验、创造思路和解决问题策略仍旧比较有限，但在此阶段，教师一方面更有必要向幼儿提供更多独立思考和发表创见的机会，另一方面也更有必要引导幼儿通过分享来积累更多有用思路和有效策略以供使用和积累储备。因此，分享合作学习，以及相关问题的创造性解决过程是需要教师特别关注的新问题。

大班幼儿的独立思考和独立行动方面的能力已经有了很大的增长，理解行为选择可能的场景和客观条件方面也在不断进步。因此，在探究创造和问题解决学习方面，大班幼儿的主要任务可能会侧重在：当明白在什么情况下可以或不可以做什么事情的道理后，事情不能够按照自己的意愿发展仍旧不能控制调节自己的不良情绪和行为时，可以有哪些方法来帮助自己和他人获得说服或调控自己的理由：不可以现在做，可以在能做的时候做；不可以做这个，可在另外能做的几个中重新选择。……

另外，在探究创造活动过程中，教师应该经常使用“你刚才”和“我刚才打算”作为开始。当然，如果具体幼儿出现反思表达困难，教师仍旧可以退回到合适具体幼儿的水平进行启发。

尽管已经到了大班，教师的确应该特别关注、谨慎地选择问题解决学习的内容和数量。对于少数个别幼儿的超常或低常问题，教师更应该进一步引导一般幼儿关怀有困难的同伴，在积极帮助解决低常问题的同时，收获进一步澄清自己思路，提升自己表达能力的快乐；或引导全体幼儿关注并学会欣赏和使用团队的力量挑战超常问题。当然，如果教师自己尚不能够引导全体幼儿的积极投入，仍旧不宜选择。

三、反思评价学习活动的游戏化思路

尽管反思评价学习能力是一种非常重要的能力，但该能力的培养既不可能一蹴而就，也不应该使用严肃教导、训练的方式来达成。而使用游戏化的活动“设计思路”，实际上就是顺应幼儿“主动学习动机产生的规律”进行活动的“设计策略”。这些策略的形成主要是：首先由一线教师自行设计并尝试使用，在确认其可以达成良好效果的前提下，再进行心理学的动机机制分析和策略类型方面的提炼。目前在幼儿初步或进一步练习之后，对学习质量进行反思评价的环节，具体可使用的策略类型大致可有以下这些（仅供参考）。

（一）用游戏的方式向幼儿提出评价要求

1. 教师用活动情境中角色或所谓神秘嘉宾的身份邀请幼儿来表演或澄清一个认识不清楚的问题。（比较适合中、小班）

2. 教师用让幼儿选择开启神秘题板或录音开关的方式邀请幼儿来表演或澄清一个认识不清楚的问题。（比较适合中、大班）

3. 教师用随机游戏的方式决定由哪个幼儿来表演或澄清一个认识

不清楚的问题。(比较适合中、大班)

1)“点兵点将”游戏(不一定是教师点,不一定一个一个接着点,也不一定使用什么儿歌来伴随点)。

2)“咪咪转”游戏(不一定是老师点,不一定一个一个接着点,也不一定使用什么儿歌来伴随点)。

3)“击鼓传花”游戏(不一定用击鼓的方式,不一定用花来传)。

4)“掷色子”或“抽签”游戏。

5)其他各种输赢竞争游戏。

4. 其他更多的游戏等待大家发明。

(二)用游戏的方式让幼儿自己发现问题

1. “接龙”(唱或做)游戏:幼儿更有机会自然发现自己不会或不熟悉的问题所在。(比较适合中、小班)

2. “当老师”或“值日生”游戏:让幼儿因受托责任感而在练习之前使用语言讲述练习要点或容易出错的地方;在练习之时努力去发现集体或他人不会或不熟悉的问题所在,并在练习之后提出问题所在和解决办法,甚至组织大家讨论解决。(比较适合中班下学期或大班)

3. “开门大吉”游戏:将歌词或动作的细节故意弄错,或将排列的顺序故意打乱,作为错题,将对题或错题分别置于不同的类似门的物体后面,幼儿开启所谓的门之后,可以独立或集体判断对错,改错,再通过集体表演来验证前面判断或修改的意见是否正确。(比较适合中班下学期或大班)

4. “分组比赛”游戏。(比较适合中班下学期或大班)

5. 其他更多的游戏等待大家发明。

反思评价学习本身是个新生事物,游戏化的反思评价学习更是一种全新尝试。因此,它有着很广阔的发展前景,同时也存在各种“犯错”甚至“走火入魔”的可能。因此需要大家谨慎使用和负责任地评估其使用效果。

另外,反思评价学习仅仅是集体教育活动中一种学习任务,而且,幼儿年龄幼小,容易疲劳。因此,千万不要无限扩大时间和精力的投入,破坏整个学习活动的身心流畅体验进程。

练习题与常见问题提示

一、练习题

1. 通过幼儿园团队教研活动中自己与同伴的反思活动，理解反思能力对自身成长的重要性，以及反思能力提升所需要的外力支持。

2. 尝试本章中为您提供的幼儿反思教学的内容和策略，通过幼儿园团队教研活动中自己与同伴对反思教育问题的专项反思活动，逐步养成培养自己和幼儿反思能力的意识和习惯。

二、初学者常见问题提示

1. 最初，初学者可能仍旧不太善于引导和支持幼儿反思，所以很可能会流于形式，不能够给予幼儿合适的反思空间：要么空间过大，幼儿不知道应该如何是好；要么空间过小，不足以调动幼儿挑战自我的积极性。这个问题比较大，具体问题千差万别，肯定是需要慢慢摸索总结的。但总的原则还是有点类似我们成人考试的试题类型，即从"填充题"到"判断题"到"选择题"到"简答题"到"论述题"。千万不要对任何年龄、任何基础的幼儿都问同样的一句话：你们有什么困难吗？或你们觉得自己还有哪些地方可以做得更好吗？

2. 当教师有了一定的经验后，另外一个容易犯的毛病就是：不管什么事情都拿来反思，不管什么时间都用来反思。这样随意处理，往往容易造成学习活动的不流畅，加速幼儿的疲劳进程，降低学习的综合效率。因此，哪些问题在哪个时间段花多少精力等，也是需要谨慎地进行综合性的设计处理的。

第六章　游戏化歌唱教学活动实例与分析

第一节　歌唱教学设计类型

尽管努力了很久，歌唱类教学活动也基本上可以纳入故事动作音乐其中的流程了，但总是还有一些特殊问题需要特别说明。因此，在本章中，会有和后面两章不同的内容。

一、传统的歌唱活动流程设计

传统歌唱活动主要目的是学会演唱新歌、发展歌唱技能、了解简单歌唱知识。因此，按照循序渐进的设计原则，教学的一般基本流程如下：

1. 教师引出教学主题，激发学习兴趣。（有时候会用图画或教具辅助）

2. 教师范唱，要求幼儿仔细倾听并在范唱结束后说出歌词的内容。（一般需要重复2～3次）

3. 教师引导幼儿回忆整理歌词。（有时候会用图画帮助记忆）

4. 教师带领幼儿反复按歌曲节奏朗诵歌词。（有时候会用钢琴等乐器伴奏）

5. 教师带领幼儿反复练习演唱歌曲。（有时候会加入动作表演）

6. 教师建议加入表情或各种演唱形式。（有时候会加入录音音乐伴奏）

7. 个别或小组幼儿在集体面前演唱。（教师检查学习结果）

注意：以下文字加黑的部分为新的观念指导下的新的教师工作内容

设计。

二、新近的歌唱活动流程设计

（一）认知游戏——鼓励幼儿先使用“有意注意”的设计

这一类歌唱活动的设计先将幼儿的“有意注意”主要集中于观察、归纳、推理、验证等思维品质的锻炼上。

1. 教师引出教学主题，激发学习兴趣。（有时候会用图画或教具辅助）

2. 教师范唱，要求幼儿仔细倾听并在范唱结束后说出歌词的内容。（一般需要重复2～3次）

3. 教师特别引导幼儿利用图谱对歌词内容的逻辑或歌曲的其他要素的逻辑进行整理。常见的方法如：

1）比较发现异同的规律；

2）梳理生活的逻辑；

3）根据原有生活经验或科学知识进行推理；

4）用制作图表或排序的方法进行整理；

5）对整理过的内容和顺序进行验证；

6）对新的可能内容进行创编。

4. 教师带领幼儿反复按歌曲节奏朗诵歌词。（有时候会用钢琴等乐器伴奏）

5. 教师带领幼儿反复练习演唱歌曲。（有时候会加入动作表演）

6. 教师鼓励幼儿自我评价，对问题进行澄清，对困难给予帮助，对歌曲的演唱质量予以提升。（幼儿检查学习结果）

7. 教师和幼儿一起讨论可以加入哪些表情或各种演唱形式。（有时候会加入录音音乐伴奏）

8. 个别或小组幼儿在集体面前演唱。（给机会让幼儿锻炼独立表演的胆量；发表创见；展现个性；提升团队合作意识和能力）

范例 1 《秋天多么美》

歌词：

秋风秋风轻轻吹，棉桃姐姐咧呀咧开嘴，你看她露出小呀小白牙，张张脸儿笑微微。来来来来来来来，来来来来来来来，秋天多么美，秋天多么美，来来来来来来来，秋天多么美。

秋风秋风轻轻吹，稻花姐姐把呀把手挥，你看她梳着金呀金头发，结出串串金穗穗。来来来来来来来，来来来来来来来，秋天多么美，秋天多么美，来来来来来来来，秋天多么美。

秋风秋风轻轻吹，高粱姐姐笑呀笑红了眉，你看她跳起丰呀丰收舞，压得秆儿往下垂。来来来来来来来，来来来来来来来，秋天多么美，秋天多么美，来来来来来来来，秋天多么美。

问题以及问题的层次：

1. 第一段歌词中都唱了一些什么？是按照什么顺序唱的？先唱了什么后唱了什么？（辨别准确的内容以及顺序）

2. 第二段歌词中有哪些地方和第一段是一样的？（辨别异同以及相同内容的准确位置）

3. 第三段歌词会唱什么呢？（先归纳后推理秋天收获的农作物）

范例 2 《大鹿》

歌词：

大鹿站在房子里，透过窗户往外瞧。林中跑来一只小兔，咚咚把门敲。

鹿呀鹿呀快开门，林中猎人追来了。兔儿兔儿快进来，咱们手把手挽牢。

问题以及问题的层次：

1. 歌曲的故事里都有谁？（角色：大鹿、小兔、猎人）

2. 他们之间发生了一件什么事情？（主要梗概：猎人追小兔，大鹿救了小兔）

3. 一开始怎样，后来又怎样，最后故事的结局是怎样的？（情节发展）

4. 大鹿站在哪里？从哪里往外瞧？小兔从哪里跑来？跑来以后干了

什么？然后又说了什么话？大鹿最后是怎么回答的？（情节的具体细节）

5. “手把手挽牢”是怎样做的？是什么意思？（主题词理解以及价值澄清）

（二）先游戏后学唱——鼓励幼儿先使用“无意注意”的设计

这一类歌唱活动的设计先利用幼儿的“无意注意”大概熟悉歌曲的歌词和曲调，然后再利用一个特别的“反思评价——自我完善环节”来进一步提升幼儿对歌曲的掌握程度。更重要的是：在这个特别的“反思评价环节”中，幼儿将在教师的引领下把“有意注意”主要集中于反省观察、自我觉错、自我纠错和相互帮助等学习品质的锻炼上。

1. 教师给出有趣故事、绘画答题任务或简单游戏规则。

2. 教师带领幼儿进行故事表演、创造性绘画表现或动作游戏。在这一过程中，教师用范唱给活动“伴唱”。

3. 教师逐渐增加或微调上述活动的内容，以便让幼儿获得继续投入活动的动力——“理由”。教师反复“伴唱”。（2、3 环节一般会重复 6～9 次或更多）

4. 教师鼓励幼儿自我评价，对问题进行澄清，对困难给予帮助，对歌曲的演唱质量予以提升。（幼儿检查提升学习成果）

5. 继续游戏。（通常会在以后应幼儿要求多次进行）

6. 如果需要，教师也可和幼儿一起讨论可以加入哪些表情或各种演唱形式。（有时候会加自创奏乐的音乐伴奏）

7. 如果需要，给机会并帮助个别或小组幼儿事先自己设计排练，然后再给机会在集体甚至家长面前演唱。（给幼儿机会让他们锻炼独立表演的胆量；发表创见；展现个性；提升团队合作意识和能力）

（三）歌唱自学游戏——鼓励幼儿“自己掌控学习过程”的设计

这类歌唱活动设计的主要目的是培养幼儿的“自学意识和自学能力”。在这类活动中，教师的工作内容主要是选择材料、创设环境，以及引导探索和讨论等方面。对于幼儿来说，则主要是锻炼自由探索、总结、交流、分享学习有效策略等各种品质。我们现在将这类设计称为“学习超市”类的设计。当然，掌控这样的教学设计，对教师的各个方面素养要求都是相当高的。

1. 教师提供不同的学习类型区域安排。如学习歌词的区域（播放配乐歌词朗诵的视频，提供歌词内容拼图游戏材料或绘图纸笔）；学习歌曲的区域（播放歌曲演唱的视频）；学习动作表演的区域（播放歌曲演唱同时包含动作表演的视频，视频的表演可以有多种不同组织形式：一人独自表演，两人合作表演，三人合作表演，多人合作表演等）；创编和组织合作表演的区域（播放歌曲演唱的音频，另外还可以提供乐曲道具和装扮材料）。

2. 教师告知幼儿学习的任务：需要轮流到每个学习区域中进行尝试不同的学习方式，碰到问题或者困难的时候可以求助同伴或教师。

3. 教师告知幼儿学习的结果：需要达到边唱边表演视频中的相应标准（如：动作合拍，表现歌词内容，合作良好，有配合性的动作和空间设计），然后鼓励幼儿自选一个学习区域进入学习。

4. 1 位教师主要在前 3 个学习区域巡视，必要时可以询问幼儿是否有问题或困难，提醒幼儿尝试每一个区域的学习。

5. 另 1 位教师在区域 4 中，重点帮助幼儿设计表演方式和进行表演前的排练（结伴可从 2 人开始，多人不限），指导幼儿间合作和提醒幼儿如何最有效地利用有限时间。

6. 全体幼儿表演交流。

7. 教师鼓励幼儿自我评价，对问题进行澄清，对困难给予帮助，对歌曲的演唱质量予以提升。（幼儿检查提升学习成果）

第二节　歌唱教学活动设计中的游戏规则嵌入

在音乐教学活动中，激发幼儿学习需求的所谓游戏规则主要可以划分为音乐本身的技能游戏、普适性的体能游戏和智能游戏三种。当这些游戏规则被适当设计并嵌入相应歌唱教学过程后，往往都不但能够很好地提高幼儿投入新歌的学习积极性。而且，这些游戏也往往能够在观察模仿、探究创造、解决问题以及团队协作等四个方面促进幼儿学习品质的发展。参见下图：

游戏类型	学习品质
音乐技能游戏	观察模仿学习
智能游戏	探究创造学习
体能游戏	解决问题学习
	团队协作学习

图 6－1

一、音乐技能游戏

尽管有人可能认为技能练习的活动不能够算是游戏，但仔细回顾大家小时候的传统游戏，哪种不包含技能学习和练习在其中呢？同时，我们也发现：凡是能够激发学习者学习热情的挑战，其本质都能够激发学习者“自我完善、自我实现”动机，使得学习成为幼儿愿意主动付出努力的活动。因此都应该算是“能够被幼儿认可的游戏活动”。

（一）玩演唱形式的游戏

1. 领唱齐唱游戏

可以由教师、个别幼儿或少数人担任领唱的部分与多数担任齐唱的人员合作。

2. 合唱游戏

这需要有专门为低龄儿童创作或改编的合唱作品。适合低龄儿童玩耍的合唱形式主要有：

（1）**同声合唱**——主要声部唱有旋律的歌词，其他声部使用相同的节奏念歌词或衬词；

（2）**音型式或固定低音式伴唱**——伴唱声部使用类似钢琴左手伴奏的方式配唱衬词或简单歌词；

（3）**填充式伴唱**——即在主要声部延长或休止的时候，伴唱声部用类似回声的方式唱衬词或简单歌词；

（4）**“卡农”式合唱**——同一首歌曲各个声部相隔固定时间进入，形成合唱效果；

(5) **"朋友歌"**——不同的歌曲同时进入或先后进入，由于纵向关系和谐而形成合唱效果。

3. 对唱游戏

(1) **回声游戏**——主声部唱一句，回声声部模仿一句或模仿后半句甚至最后一个词或一个字(非常类似小婴儿的牙牙学语)。

(2) **呼应游戏**——主声部唱一句，回声声部只要说"是"或"不"，甚至只要发出某种有趣的声音或做出某种有趣的回应动作即可。

(3) **问答游戏**——主声部提问唱问句，回声声部唱答句，可以固定歌词(比较简单)；可以即兴(比较困难)。

(4) **对话游戏**——主声部提问唱上句，回声声部唱下句，可以固定歌词(比较简单)；可以即兴(比较困难)。

(5) **接龙游戏**——没有主要声部，一个接着一个往下唱，可以固定歌词(比较简单，但对于低年龄幼儿，陌生歌曲还将有一定挑战性)；可以即兴(比较困难，但演唱幼儿比较熟悉的事物，对大年龄幼儿，即兴的挑战性将可能有更大激发作用)。

(二) 玩呼吸的游戏

(1) 打响舌或打哇哇游戏——振动舌头或用手振动嘴唇，看看谁的声音会更长。

(2) 水中吹气泡——吸气后在水中吐气泡，看看谁吐气泡时间会更长(注意用水的安全和卫生)。

(3) 吹羽毛或吹乒乓球比赛——一个人或两个人合作吹羽毛，看看谁的羽毛会更长时间不掉下来；两个人或两组人在桌子中间画条线，对吹乒乓球。可以制定各种规则进行比赛。

(4) 好玩的肚皮鬼脸戏——在肚皮上画张脸，撑起或缩回肚皮做出表情，表演故事(注意使用安全的颜料和在气温合适的季节进行)。

(三) 玩嗓音的游戏

(1) 嗓音绘画游戏——单纯用嗓音模拟画出或者摆出线条运动的轨迹。

(2) 嗓音故事游戏——在故事讲述过程中用嗓音模拟风、浪、动物、精灵等事物的有趣声音。

(3) 嗓音即兴创作表演游戏——南太平洋群岛有种民间游戏:用固定的动作和固定的嗓音匹配,构成一个简单的节奏型,领袖做动作,大家发出嗓音,或领袖发出嗓音,大家做出动作,在重复某个固定节奏型后,当领袖说出某个动物或事物的名称后,大家迅速发出模拟该动物或事物的声音,如:大猫、小猫、愤怒的猫、可爱的猫等。一般最后结束时会有一个表示结束的动作和声音。

二、智能游戏

(一) 猜谜游戏

其中包括猜谜语、猜领袖、猜什么东西或什么人"不见了"。其中特别刺激的是"卧底"游戏——"猜领袖"就是其中之一,在"猫捉老鼠"或"三打白骨精"的游戏中,如果老鼠或白骨精事先不知道同伴中间谁是猫或孙悟空,游戏过程必将是更加紧张和刺激的。

(二) 其他抽象思维游戏

如比较异同、找规律游戏、推理游戏等。

(三) 想象与创造游戏

如:"你做我猜",语音、动作、故事"接龙"游戏等。

再如:"照镜子"、"吹玻璃"、"捏泥人"等。

三、体能游戏

(一) 手指运动、上肢运动

各种手指或上肢运动游戏都可以配上儿歌、歌曲或音乐来做。

(二) 全身运动(含移动)

1. 追跑游戏

(1) 同向追跑——如"丢手绢";

(2) 反向追跑——如"切西瓜";

(3) 不定方向追跑——如“猫捉老鼠”。

2. 占位游戏

(1) 抢位子——如“抢椅子”；

(2) 抢朋友——如听信号结伴或组团。

3. 传递游戏

(1) 主动传递——如“击鼓传花”；

(2) 被动传递——如“点兵点将”；

(3) 传话——如“军事暗号”；

(4) 传动作——如“传递不走样”。

4. 控制游戏

(1) 嗓音控制——如“默唱游戏”；

(2) 身体控制——如“木头人”以及“挠痒痒”、“看谁不笑到最后”等游戏。

四、综合性输赢竞争或“快速反应”游戏

1. “比大游戏”——如“包剪锤”(变式有：“老虎杠子鸡”、“人枪虎”、“光头熊二枪”)等

2. “比快游戏”——如“点虫虫”等

在“快速反应”游戏中，嵌入不定结果的游戏规则，游戏的过程将更富于自主性。如：将传统“猫捉老鼠”或“兔子和狼”的游戏的最后出现的快速反应信号变换为：除了可能会出现猫或狼之外，还可能出现老鼠朋友或其他友好的小动物，游戏者一定要弄清楚到底是谁后，才选择正确的反应；再如，有的游戏会出现三种不同的危险事物，游戏者可以对应选择逃跑、变石头或趴地上(表示钻进水里或泥里)等。当然，这些比较复杂的游戏规则需要年龄稍大的幼儿来应付。

五、综合性人际合作游戏

1. “身体接触游戏”——如“花式拍手”等

2. 如“编花篮”、“占孤岛”、“导盲犬”、“开火车”等；

3. 集体社交舞蹈。

其实，许多实体游戏都是整合了多种不同游戏规则的，如本章中的实例《水手》就是先做领袖模仿游戏，然后是两种不同输赢竞争游戏，最后是赢家来做找规律的智力游戏等。教师要做的事情，就是找到合适的设计搭配思路。

第三节　小班活动实例

一、快反游戏《妈妈来抓兔兔》

（故事及最终游戏玩法）小兔子和妈妈一起来到草地上玩耍，它们变成各种各样的小树和花草，和妈妈玩捉迷藏的游戏。妈妈找到了它们，它们会说：“妈妈来抓我呀！”妈妈真的来抓了哦，小兔兔们，你们说妈妈能不能抓到你们呢？

[音乐]

妈妈来抓兔耳朵

欧　美　童谣
许卓娅　填词

1=C　2/4

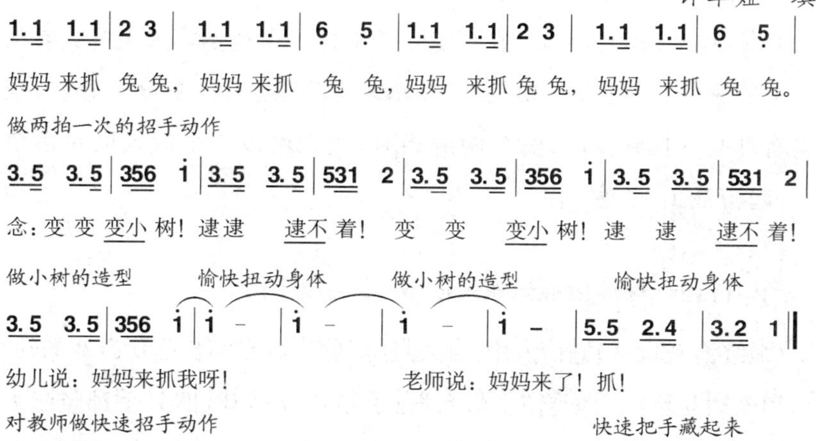

教学目标：

1. 用两拍一次的均匀节奏做动作表演动作、游戏动作并正确演唱歌词。

2. 用上肢创编出各种不同的“小树”造型，也可以创编小花或小草的歌词以及造型，逃跑的时候尽量把小手藏在不同的地方。

3. 在教师的鼓励和带领下欢快地游戏，在自由空间中移动时不碰撞他人。

教学准备：

无

教学过程：

1. 幼儿坐成半圆形，教师简单讲述故事，然后邀请幼儿用上肢动作创编小树的造型。

2. 教师扮演兔妈妈选择一个比较容易的造型，带领幼儿跟随自己的范唱做动作。最后结束的时候，教师做兔兔藏耳朵的动作3～4遍。

3. 教师告知幼儿：这次妈妈真的要来抓兔兔的耳朵啦！继续带领幼儿跟随自己的范唱做动作。最后结束的时候教师做妈妈去抓幼儿的兔耳朵3～4遍。

（注意：在小班下学期，有条件的班级，教师也可以在此环节内鼓励幼儿将歌词改为变小花或变小草，也可以鼓励幼儿自由做自己的造型动作。）

4. 教师邀请配班老师（在特定条件下也可以邀请客人老师或参与开放活动的家长）一起来和幼儿玩“抓兔耳朵”的游戏。游戏开始前，全体参与者都起立找到空的地方，两两相对，或者可以一个成人面对多个幼儿，一起游戏1～2遍。

二、传递—身体接触—快反游戏《小老鼠上灯台》

（最终游戏玩法）邀请人用“点兵点将”游戏点出和自己玩游戏的幼儿，然后和该幼儿玩四手配合“上灯台”—手指快反游戏（四只手都竖起大拇指，处于下面的手被处于上面的手握住，最后歌曲唱完，大家一起说“抓”的同时，最下面的手快速抽出去抓最上面手的大拇指。抓住了就亲一下，没有抓住，就说：你抓不着！）。赢家继续用“点兵点将”游戏找新朋友玩游戏。

［音乐］

小老鼠上灯台

1＝C　2/4　　　　佚　名　词曲

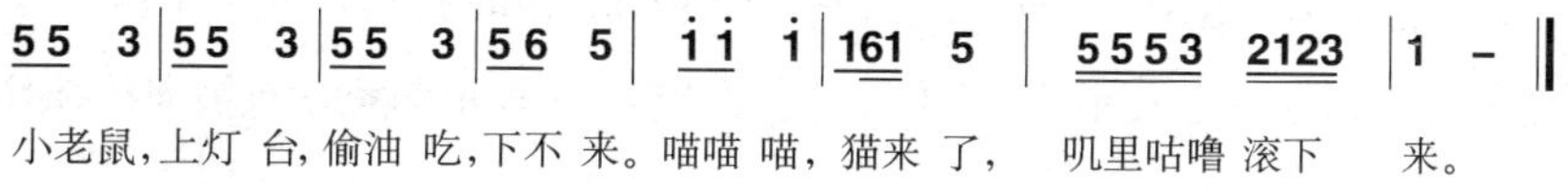

教学目标：

1. 用四拍一次的均匀节奏做表演动作、游戏动作并正确演唱歌词。

2. 用眼睛看、耳朵听和做动作的方法感受歌词和动作匹配的和谐。

3. 在教师的鼓励和带领下从容地游戏，不惧怕抓人和被抓，通过亲吻体验亲切交往的愉悦。

教学准备：

1. 灯台的图片、老鼠的图片和小老鼠上灯台的图片。

2. 已经听过《小老鼠上灯台》的故事，了解和理解小老鼠爬上灯台是为了去吃灯碗里面的香油。

教学过程：

1. 幼儿坐成半圆形。教师用“点兵点将”的游戏方法邀请幼儿和自己玩“上灯台”的游戏。教师在玩“点兵点将”游戏的时候就范唱一遍歌曲，在和被邀请的幼儿玩“上灯台”游戏的时候再范唱一遍歌曲。因此，每次完整游戏过程中，教师会范唱两遍歌曲。

（注意：教师无论唱和做都要速度和缓，并且一定不能够故意制造紧张气氛，仅仅只是亲切地在一起玩的气氛就够了。）

2. 教师带领一个幼儿自愿者用“点兵点将”的游戏方法邀请其他幼儿和自己玩“上灯台”游戏。教师依然不断演唱歌曲为游戏伴唱，但不要求幼儿跟唱。

3. 鼓励幼儿用自己的手玩“上灯台”游戏 3～4 遍。这时候教师才鼓励幼儿自由参与歌唱。

4. 教师使用“话筒”接唱的游戏，帮助幼儿建立初步的自我检查意识。（教师唱上一句，全体幼儿唱下一句；教师唱前半句，全体幼儿唱下半句。）如果声音变小了，教师可以告诉幼儿：我听见声音变小了，是有人忘记怎么唱了吧？没关系，多唱就不会忘记了！

5. 全体幼儿起立，手拉手形成一个大圆圈，逆时针方向边走边唱歌，最后教师带头睡在地上表示“滚下来”，再带头跑上位，表示回家没有被老猫抓住。

三、猜谜——快反游戏《谁来了》

（故事及最终游戏玩法）小兔子和妈妈一起到树林里做游戏，它们常常竖起耳朵仔细听，看看会有什么危险的事情发生。突然风呼呼地吹起来，树叶也跟着沙沙地响起来！哎呀，是谁来了呢？让我们睁大眼睛来看一看！

［音乐］

兔子和狼

1=C 2/4 汪爱丽 词 曲

教学目标：

1. 学习四拍一次的均匀节奏做蹦跳步，合拍地表演动作并正确演唱歌词。

2. 先使用拍手或拍腿的方法感受节奏，再迁移到使用下肢做合拍的蹦跳步，通过动物的部分身体特征，猜测动物。

3. 在教师的鼓励和带领下从容地游戏：先看清楚究竟出来的是什么动物，是否是危险的动物，再做相应反应。

教学准备：

1. 大树的图片（可以贴在黑板上或固定在一张椅子前面），树叶下盖着一些小动物，仅仅露出动物的部分身体，如翅膀、尾巴等。

2. 一些绒毛动物玩具和动物的头饰。

教学过程：

1. 幼儿坐成半圆形。教师简单讲述故事后，鼓励幼儿为歌词创编相应简单动作。

2. 教师范唱歌曲，同时带领幼儿做前面集体创编的表演动作。跳跃的动作用上肢象征性代替。2～3 遍。

3. 教师在演唱第一句的时候用邀请舞的方法跳到一个幼儿面前，邀请幼儿和自己一起表演下面的内容。然后邀请这个幼儿前往“大树”所在处进行猜谜游戏——先猜测后取出某个小动物，再判断并说出它是否是一种危险的动物（全部都应该是没有危险的动物）。3～4 遍。

4. 邀请幼儿自愿者躲到“大树”后面，配班老师让其选择一个动物头饰扮演特定的小动物，并帮助其戴上头饰。教师邀请认为自己会唱歌曲的幼儿起立，找一个空的地方面对大家边唱边表演。结束后，注意观察从大树后面走出来的是什么小动物。教师鼓励幼儿用各种方式对这个小动物表示友好。（注意：重点不是观察他们是否认为自己会唱就真的可以自己唱，而是逐渐创造机会让他们慢慢产生思考这个问题的意识。）3～4 遍。

5. 教师邀请全体幼儿坐在座位上专门演唱歌曲一次，并鼓励幼儿想一想自己是不是全部都会唱。结束时，配班老师扮演狼从大树后面走出来。教师和幼儿讨论：如果在树林里，碰到危险的动物应该怎么办？（可以跑上位表示回家，也可以……）

6. 教师邀请认为自己会唱歌曲的幼儿起立，找一个空的地方面对大家边唱边表演。结束后，注意观察从大树后面走出来的是什么动物。配班老师扮演狼从大树后面走出来。全体幼儿上位表示回家。1 遍。

7. 教师邀请认为自己会唱歌曲的幼儿起立，找一个空的地方面对大家边唱边表演。结束后，注意观察从大树后面走出来的是什么动物。配班老师扮演一个可爱的小动物从大树后面走出来。教师邀请全体幼儿和该小动物一起跳一个熟悉的欢乐舞蹈。1 遍。

第四节　中班活动实例

一、领袖模仿游戏《Rasema，Dasema》

（故事及最终游戏玩法）小朋友来到农场，农场的动物们邀请小朋友一起来玩“Rasema，Dasema”的游戏。这个游戏有点像我们玩过的“请你像我这样做”的游戏。就像我做什么，你们就学着我的样子做和我一样的动作。

［音乐］

Rasema，Dasema

1＝F　2/4　　　　欧　美　游戏　童谣

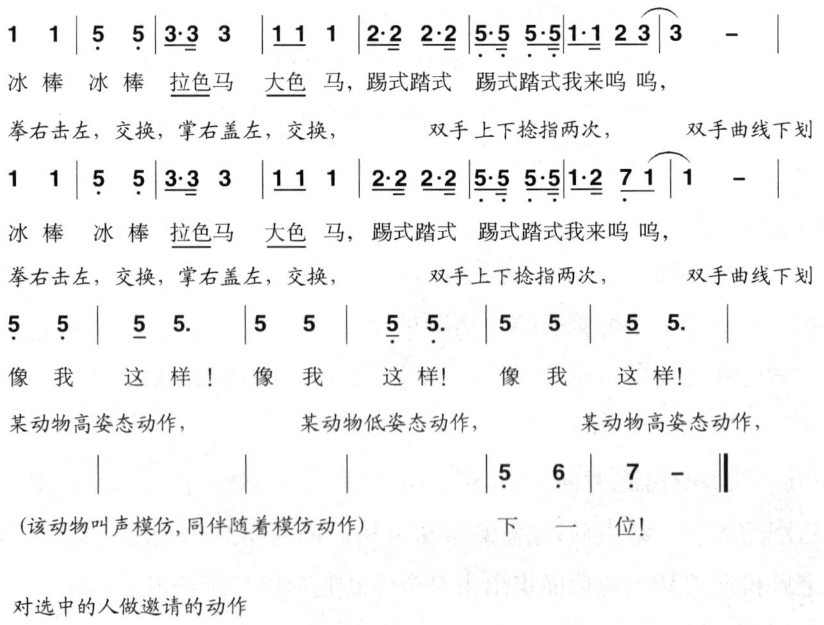

教学目标：

1. 按照规定的节奏做动作并正确地歌唱。

2. 发现动作组织的规律是"上下"交换和"自上而下"变换，并利用这一规律来记忆和创编，同时也利用这一概念来感知理解声音"高低"的变化规律；快速正确地模仿领袖的动作；当然领袖也需尽可能创编出不同动物的动作和声音。

3. 愉快大方地邀请他人或接受他人的邀请。

教学准备：

无

教学过程：

1. 教师简单讲述故事，随即带领幼儿进入动作模仿游戏过程，教师自己用歌声伴唱3～4遍。建议可以每次模仿不同的动物，如公鸡、马、猩猩、孔雀等。

2. 教师带领幼儿自愿者继续游戏，教师自己用歌声伴唱。3～4遍。每次鼓励不同的幼儿自愿者模仿不同的动物。这时候，可以在动物模仿的部分要求模仿者先观察，后模仿。

3. 将幼儿分组，组织他们分句接龙对唱，然后组织反思和完善演唱。

4. 继续游戏。这时候已经可以连续一个当完领袖就接着邀请下一个地进行游戏了。3～4遍。

5. 幼儿围成一个大圆圈，在地上贴一个记号，唱完第二句时谁踩到记号，谁就带领大家即兴模仿一种动物，尽量不停下来，因此允许重复别人的模仿。3～4遍。

二、"卧底"猜谜—邀请舞—快反游戏《小老鼠找朋友》

（故事及最终游戏玩法）小老鼠没有朋友一起玩，感到很孤单，所以想要找个朋友一起玩。他坐电梯来到了二楼，又来到了三楼，最后来到四楼。他看呀看，听呀听，他要找的朋友在哪里呢？最后出来的朋友又是谁呢？

这是一个“卧底猜谜—快反游戏”。最终的游戏规则是：在全体幼儿都不知情的情况下，教师指定一个幼儿（也可能是教师本人、配班教师、客人老师或参与活动的家长）扮演猫。大家唱到四楼的时候，所有的人都被邀请到了，扮演猫的人也在其中。在唱完“它在哪”后，扮演猫的人突然发动袭击追捉扮演老鼠的人。扮演老鼠的人上位，便不能再抓。游戏玩熟练后可以有多人同时扮演猫。

（注意：比较适合中班下学期。尽管歌曲和表演的难度并不高，但部分缺乏相关假象游戏经验的幼儿最初还是可能会感到害怕，因此不但教学流程需要循序渐进，而且在最初教师不能够故意渲染“恐怖”气氛。）

［音乐］

小老鼠找朋友

1=F 2/4

欧美童谣
朱玛丽 填词

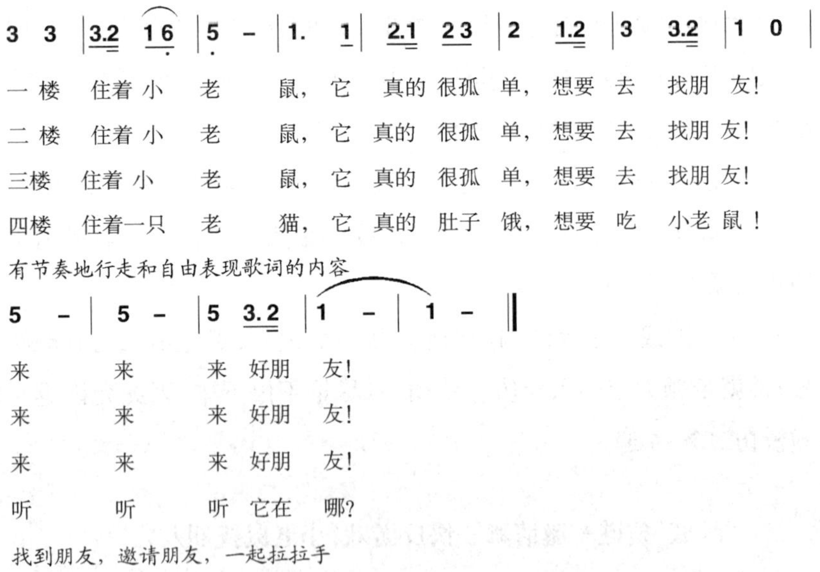

（注意：游戏过程中连续不断地唱到二楼、三楼，唱到四楼时，将“来来来好朋友”改成自由重复的“看看看”和“听听听”，最后唱“它在哪”，然后再表演找猫的情节。）

教学目标：

1. 按照音乐有节奏地歌唱和表演。在规定的最后一句歌词处表演：找到朋友，邀请朋友，一起拉拉手。

2. 通过集体讨论重点解决：我们怎样才能够不忘记：在唱“来来来”的时候邀请朋友。

3. 控制自己的情绪和行为，享受自由重复的“看看看”和“听听听”，体验最后唱“它在哪”过程中的紧张刺激情绪，在听到猫叫之后才开始跑上位。

教学准备：

无

教学过程：

1. 教师简单讲述故事，然后开始用“邀请舞”的方式带领幼儿游戏。教师自己用歌声伴唱。3～4 遍。

（注意：歌唱和动作都要非常从容。上楼前要先表演乘电梯，每次上一层楼后只邀请一个人，到四楼后，每次都应该找不到朋友。）

2. 继续用“邀请舞”的方式带领幼儿游戏。教师自己用歌声伴唱。2～3 遍。

（注意：歌唱和动作仍旧要非常从容。上楼前要先表演乘电梯。改为：在一楼的时候教师邀请一个人；上到二楼时，上楼的两个人每人邀请一个人；上到三楼时，上楼的四个人每人邀请一个人；到四楼后，每次仍旧应该找不到朋友。）

3. 请一到两个自己认为会唱会做的幼儿来带头邀请，其他幼儿观看，看看是否真的都会了。找出大家共同感到有困难的地方，然后一起来练习完善。

4. 继续用“邀请舞”的方式带领幼儿游戏，教师鼓励幼儿用自己的歌声伴唱。2～3 遍。

（注意：歌唱和动作仍旧要非常从容。上楼前要先表演乘电梯。改为：在一楼的时候教师邀请一个人；上到二层楼时，上楼的两个人每人邀请一个人；上到三楼时，上楼的四个人每人邀请一个人；到四楼后，教师突然变成猫的角色。当然，事先需要提醒：猫这次可能真的会出来呀！）

5. 继续用“邀请舞”的方式带领幼儿游戏。教师鼓励幼儿用自己的歌声伴唱。1～2 遍。

[注意:歌唱和动作仍旧要非常从容。上楼前要先表演乘电梯。改为:在一楼的时候教师随便邀请几个人;上到二楼、三楼时,每人也可以随便邀请几个人;到四楼后,全体幼儿都已经被邀请到了。这时候,在全体幼儿都不知情的情况下,教师事先指定的猫突然发动袭击(第一次最好是配班老师,第二次也最好是胆大头脑清楚的幼儿)。当然,事先需要提醒:听到猫叫,看清楚猫到底在哪里才知道自己该往哪里跑呀!]

6. 简单反思,怎样才能够顺利逃上位,然后再玩 1～2 遍。

(为了防止少数幼儿偷看教师指定猫的情境,教师可以让幼儿趴在大腿上蒙住眼睛,然后在幼儿的背后行走,告知幼儿会用触摸特定身体部位的方式告知谁来当猫的信息。)

三、猜谜—身体接触—快反游戏《萤火虫》

(最终游戏玩法)幼儿两两相对,第一乐句唱歌表演在“过草地”开始,进行固定的“拍花掌”游戏,在唱最后一个“屁股上”的“上”字的时候,双方同时快速去拍对方的屁股,同时要避免对方拍到自己的屁股。连续玩游戏的时候,幼儿需在前奏的部分完成找朋友或换新朋友的任务。

[音乐]

萤火虫

董志宏　词
李　茹　曲

1=F　2/4

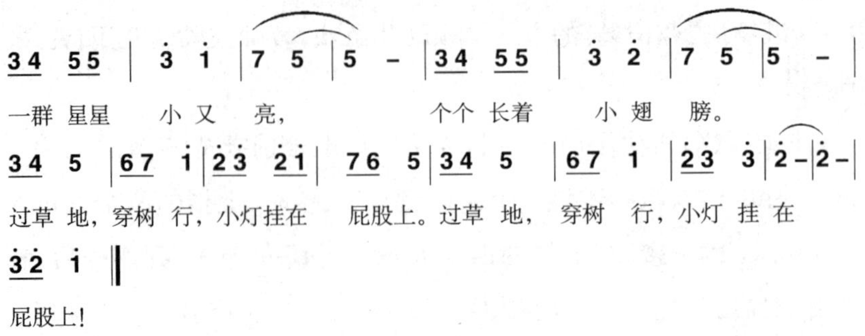

教学目标：

1. 有节奏地唱歌、做动作和玩游戏。

2. 为歌词创编表演动作；迁移以往的经验提出“拍花掌”的适宜动作建议；理解并正确记忆“穿树行”的歌词；仔细观察并记住最后拍屁股的反应只能够在最后一个“上”字上。

3. 在前奏过程中迅速找到朋友或交换新朋友，接纳所有的朋友；严格按照规则游戏，克制紧张情绪，努力保证不会提前做“抢拍”的动作。

教学准备：

1. 萤火虫近景的图片。

2. 萤火虫在草地、树行发光远景的图片。

教学过程：

1. 猜谜游戏：教师朗诵歌词。邀请幼儿猜测是什么动物。（提升兴趣）

2. 教师邀请全体幼儿讨论：为谜语儿歌创编表演动作。（增进理解和记忆）

3. 教师带领全体幼儿练习表演动作，教师自己演唱歌曲为大家伴唱。3～4 遍。

4. 教师邀请全体幼儿讨论：为“拍花掌”游戏提出一套适宜的动作建议。然后再用这套“拍花掌”动作替换掉前面为“过草地穿树行”创编的表演动作。

（注意：“拍花掌”动作一定不能够太难，否则负担过重游戏快乐就少了。）

5. 幼儿坐在座位上就近两两结伴，教师带领全体幼儿练习全套动作，教师自己演唱歌曲为大家伴唱。2 遍。

6. 同上，教师建议将“拍屁股”的动作改成：右手捏自己的右耳垂。1～2 遍。

（注意：此处可以根据情况插入反思评价和练习完善的环节。）

7. 同上，教师建议将“右手捏自己的右耳垂”的动作改成：右手捏对方的右耳垂。1～2 遍。

8. 同上，教师建议全体幼儿起立，两两自由结伴，将“右手捏对方的右耳垂”的动作改成：右手拍对方的屁股。1～2遍。

9. 有条件的班级可以做连续交换朋友的终极游戏方案。（注意：千万不要强求。以后再做也没有什么不好。关键是适宜的进度才是好的进度。）

第五节　大班活动实例

一、“数学”比大—快反游戏《数字小小孩》

（故事及最终游戏玩法）数字小小孩骑着马儿从遥远的阿拉伯地区来到我们中国。它们要教我们玩一个比比看谁更大的游戏。

玩法1：18人游戏。用椅子围成圆圈，椅子面朝向圆圈外，上面贴1～9的数字卡片（只贴一个点，可以掀起），教师在幼儿不知情的情况下将一个0贴在椅子背面或插在数字卡的下面。歌曲开始，全体幼儿假装骑马在椅子外行进，歌曲唱完，大家一起掀起自己面对的椅子上的卡片，如果谁的卡片下面有一个0，另外一个相同数字的幼儿立刻变成被追捉的对象。如果他能够逆时针跑一圈回到自己座位不被抓住，就算胜利。

玩法2：18人游戏。用椅子围成圆圈，椅子面朝向圆圈外，上面贴1～9的数字卡片（只贴一个点，可以掀起），教师在幼儿不知情的情况下将两个0分别随机贴在椅子背面或插在数字卡的下面。歌曲开始，全体幼儿假装骑马在椅子外行进，歌曲唱完，大家一起掀起自己面对的椅子的卡片，两个卡片下面有一个0的人比谁的数字更大，另外一个数字较小的幼儿立刻变成被追捉的对象。如果他能够逆时针跑一圈回到自己座位不被抓住，就算胜利。

玩法3：18人分成两组游戏——红字组和蓝字组。可采用上面任何一种比大的方法。持续游戏，每胜利一次，胜利组基础分数后面加1个0，最后结束游戏时，分数更高的一组获胜。

[音乐]

数字小小孩

1=C 2/4

徐兴增 词
李 茹 曲

11 23 | 3 – | 1 23 | 43 3 | 12 34 | 5 – | 54 32 | 1 – |

数字 小小 孩 ， 你 来自阿拉 伯，一二 三四 五， 前面 排成 排。

23 45 | 6 – | 65 43 | 2 – | 3 3 | 34 5 | 66 54 | 5 – |

六七 八九 十， 后面 跟着 来。 还 有 一个 零，真呀 真厉 害！

12 34 | 5 – | 55 55 | i – ‖

站在 谁后 面， 谁就 大起 来！

教学目标：

1. 跟随音乐有节奏地做骑马动作，基本正确地歌唱。

2. 从地图上了解阿拉伯在哪里；了解阿拉伯数字是由阿拉伯人传播到世界各地的；复习相关数字和零的关系，通过游戏提高对数字概念进行快速反应的能力。

3. 提升争取胜利的积极态度，但同时又能够克服失利产生的消极情绪。

教学准备：

1. 过塑卡片两组，每组都包含 0～9 的阿拉伯数字。“0”卡片的尺寸要小于其他数字卡片。

2. 用单面胶带将数字卡片的一面固定在幼儿的一面上：卡片可以被掀开，但不会移动。

3. 磁性黑板，另外一套过塑且加磁铁的包含 1～9 的阿拉伯数字卡片，以及 9 张只有阿拉伯数字“0”的卡片。

4. 大的图片，上面画着一个身着阿拉伯服装的小孩，头巾上有一个数字 0，骑在马上。

5. 大的地球仪或世界地图。

教学过程：

1. 复习数学知识：理解“0 如果站在谁后面谁就大起来”是什么

意思。

(注意:该环节要像上数学课玩数学游戏那样上得有趣味,有品质,千万不能浮躁。)

2. 观看地球仪或者地图:了解阿拉伯地区在地球上的位置。

3. 观看阿拉伯小孩图片,了解这种数字是由阿拉伯人传播到世界各地的,所以叫这个名字。

4. 开始玩游戏:全体幼儿将椅子转向,椅子面朝向圆圈外,教师站在圆圈里面,请全体幼儿起立,背对圆心,蒙上眼睛,教师将一张"0"卡片藏在某幼儿的数字卡片下面。教师范唱歌曲的同时,带领全体幼儿面对逆时针方向上肢做骑马状踏步行进。唱到"站在谁后面谁就大起来"的时候,停下脚步,转向并面对一张椅子,掀开椅子面上的数字卡,看看是否会有那个"0"卡片藏在下面。如果上面的数字是3,就举起来大声说:我是30,谁是3? 另外一个面对3的幼儿就必须举手回答说:是我! 然后30立刻开始追逐3。

(注意:这一次是澄清游戏规则的第一次活动,速度一定要慢,一步一步弄清楚再接着往下进行。因此教师千万不要在此环节渲染比赛气氛。)

5. 连续玩游戏,教师继续演唱歌曲为游戏伴唱。3～4遍。

6. 反思评价完善歌曲的理解和演唱。可以用普通接龙的方法,也可以用邀请舞接龙的方法,即前面一个幼儿唱一句,走到下一个你想要让他唱的幼儿面前,用邀请舞的方法和他交换位置,坐下,被邀请的幼儿继续接着唱下一句,并继续行进寻找下一位接唱者。集体练习唱2遍。

7. 继续玩游戏,大家一起演唱歌曲为游戏伴唱。2～3遍。

二、传递—猜谜—团队输赢竞争游戏《踏雪寻梅》

(最终游戏玩法)分成两组,两组各自用"点兵点将"的游戏决定寻找梅花的人,寻找梅花的人前往事先布置好的展台翻开倒扣的纸杯或纸碗(教师布置展台的时候,需要放置相同数量的梅花和空的纸杯或纸碗,可以在纸杯或纸碗底部绘画记号),将发现的梅花取回放在本组容器里。

游戏连续进行，结束时，梅花多的小组获胜。

（注意1：这种翻牌游戏的基本规律是“一一对应”，即相应的表面规律会对应隐藏在表面里层另外一种规律。如表层的单数或双数规律，对应里层的梅花或另外任何其他花的规律；表层的某种色彩或图形的规律，对应里层的有梅花或什么也没有的规律等。

注意2：下面的教案是第一课时的进度，上面最终玩法中的骑马是第二课时学习的内容。）

［音乐］

踏雪寻梅

1=C 2/4　　　　黄　自　词曲

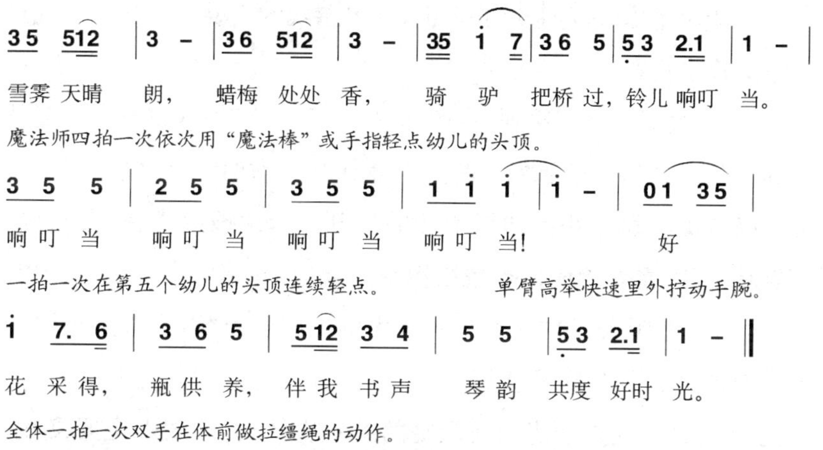

教学目标：

1. 跟随音乐有节奏地做“点兵点将”游戏和做骑马动作，基本正确地歌唱。

2. 寻找和发现能够快速准确找到梅花的“一一对应”规律。如：单数和双数。

3. 既能够大胆地猜测，不患得患失，又能够积极思考推测并验证可能的规律。

（注意：如果是第二课时“提升团队合作的意识和能力”，通过实践自己发现，如果前面的人能够有意识地将自己的推测或验证的结果告知团队其他成员，团队获胜的机会就会更高。）

教学准备：

1. 20张卡片，一面是1～20的阿拉伯数字，所有单数卡片反面都是其他种类的花卉的图片，所有双数卡片反面都是蜡梅花的图片。

2. 将这些卡片每行五张依次在黑板上排成四行。

3. 单幅蜡梅花的挂图或人造蜡梅花或真实的蜡梅花。

教学过程：

1. 幼儿围坐成一个大的半圆形。

2. 教师提供蜡梅花的形象给幼儿欣赏，并以第一人称的口气简单讲述歌词内容。

3. 教师提供排列好卡片的黑板，提出游戏的主要规则是通过选择卡片的方法找出梅花。

4. 接着教师扮演魔法师，开始通过“点兵点将”游戏来寻找将要选择卡片的幼儿。教师自己演唱歌曲为游戏伴唱。歌曲唱完之后，最后第五个被连续点头的幼儿获得选择卡片的权利。卡片被选之后，大家喊“1、2、3”翻转卡片，看看后面是否是蜡梅花。

（注意1：教师可以先从幼儿的背面依次向前点数，到头后再转向幼儿的正面依次反向点数回起点。

注意2：这一次是澄清游戏规则的第一次活动，速度一定要慢，一步一步弄清楚再接着往下进行。直到卡片被选择之后，教师才可以开始渲染猜测正确与否的紧张气氛。）

5. 连续玩游戏，教师继续演唱歌曲为游戏伴唱。3～4遍后教师可以鼓励幼儿跟唱第9～13小节。直到幼儿发现并验证了他们的发现为止。一般可以进行12遍左右。

（注意1：5～6遍时，教师可以邀请幼儿自愿者来扮演魔法师。

注意2：以下环节应该在第二课时进行。）

6. 反思评价，复习完善歌曲演唱。

7. 全体幼儿分成两组，每组单独围成一个半圆或圆圈。每组各选出一个自愿者担任魔法师。全体幼儿自己唱歌为游戏伴唱。在唱“好花……”开始，被点到的幼儿需要边做拉缰绳的动作边合拍地走向正前方布置好的桌子，执行游戏的最终玩法。

（注意：如果坐半圆，魔法师便先从幼儿的背面依次向前点数，到头后再转向幼儿的正面依次反向点数回起点。如果坐成圆圈，依次点数就可以了。）

8. 反思评价：怎样才能让小组获得更高的成绩？发现记号的对应规律，小组内部需要快速经常地相互沟通等。

三、传递—控制—即兴表演游戏《五月之夜》

（最终游戏玩法）幼儿围坐成一个大圆圈，随乐传递两块或者多块白色纱巾。开始唱歌的时候就同时开始传递纱巾，唱到“树上开满花”的时候，纱巾落在谁的手里，谁就在最后一句“花落像轻纱”的时候起立，轻轻自由旋转然后慢慢“落”到地上摆出美丽造型。连续游戏，每次教师都重新提供纱巾，直到全体幼儿都“落”到地上摆出美丽造型为止。教师假装仙女吹“仙气”，所有的“花瓣”再飞回树枝（自己的座位）上。

［音乐］

五月之夜

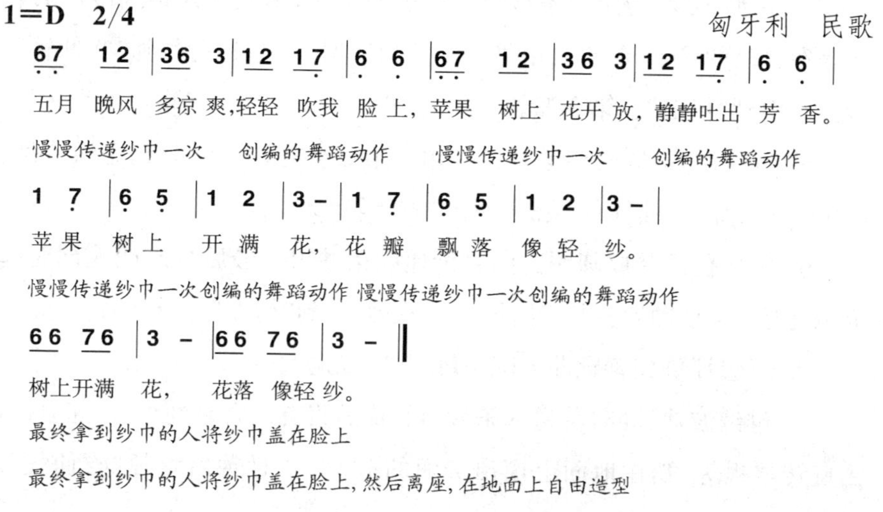

教学目标：

1. 用柔和连贯的感觉有节奏地传递、做表演动作和造型。用柔和连贯的声音正确地歌唱。

2. 即兴创编表演动作和地面造型姿态。

3. 从容地体验宁静安详的情绪和意境，无论坐着传递、做动作，还是躺着做造型，都能够舒适地歌唱和欣赏他人的歌唱。

教学准备：

1. 大的挂图或屏幕影像：夜色、月亮和柔和的月光、开满白花的苹果树、正在飘落的白色花瓣和地面上已经飘落的白色花瓣。

（注意：如果可以有花瓣飘落的动画则更好；还可以用撒白色纸屑或现场在挂图上添加飘落的花瓣等方法增加意境的感染力。）

2. 与幼儿人数相同的白色纱巾。

教学过程：

1. 幼儿坐成半圆，教师出示挂图渲染意境，并在钢琴伴奏的音乐声中朗诵歌词。

2. 组织幼儿创编与意境相配的舞蹈动作。

3. 教师带领幼儿空手做传递动作和创编统一舞蹈动作，教师自己用歌声伴唱。3～4 遍。

4. 造型游戏：传递一条纱巾。传过四个人，第五个人拿到纱巾后轻轻盖在自己的脸上，起立自由做一个美丽造型。4 秒钟后教师“吹仙气”，“花瓣”回到“树上”。第 5 遍。

5. 继续游戏：同时传递两条纱巾。最后会有两人同时起立做造型。4 秒钟后教师“吹仙气”，“花瓣”回到“树上”。第 6 遍。

6. 将座位调整成圆圈。同时传递四条纱巾。最后会有四人同时起立做造型。4 秒钟后教师“吹仙气”，“花瓣”回到“树上”。第 7 遍。

7. 反思评价完善歌曲演唱。练习 2～3 遍。

8. 继续游戏：同时传递八条纱巾。最后将有八人拿到纱巾，起立，自由旋转，“飘落”躺在地面上摆出美丽的造型。4 秒钟后教师“吹仙气”，

"花瓣"回到"树上"。

9. 全体幼儿每人一条纱巾。最后所有幼儿将纱巾盖在脸上，起立，自由旋转，"飘落"躺在地面上摆出美丽的造型。教师请幼儿睡在地上，自己给飘落的花瓣唱《摇篮曲》，请大家静静地欣赏。

10. 邀请幼儿自由选择是唱《摇篮曲》还是表演花瓣。选择唱《摇篮曲》的幼儿站到钢琴旁边，选择表演花瓣的幼儿围站成圆圈。最后一次游戏。

练习题与常见问题提示

一、练习题

1. 尝试实践本章提供的所有活动范例。

2. 尝试使用本章提供的传统游戏规则嵌入新选择的歌曲材料设计类似的活动。

二、常见问题提示

1. "调高"是一个很重要的问题。调高过高或过低都容易造成幼儿演唱吃力和走音。所以，拿到一首歌曲，教师除了根据一般经验来定调以外，还需要在自己班级中进行尝试，发现问题及时调整。

2. "音量和速度"是另外一个虽然小却重要的问题。教师一般不应要求幼儿大声或小声歌唱，只要教师自己用合适的音量说话、弹琴和范唱就可以了。新歌教授的时候，速度应该稍稍慢一些，给幼儿提供充分的反应时间。熟练后，教授伴奏的速度调整到正常情绪表达的程度，幼儿自然就会跟上去了。

3. "伴奏"是个非常重要的问题。许多教师不重视相关细节的处理，结果造成许多不必要的麻烦。首先，千万不要用有乐队伴奏歌曲录音来当作范唱样板；第二，教师的范唱要从清唱进入（有起音困难的教师可先弹前奏，前奏结束再开始清唱）；然后是单手旋律伴奏；再后是左手轻轻简单音型伴随右手旋律；最后等幼儿高度熟练再使用加花伴奏和乐队录音伴奏。

4. “范唱”应该从清唱开始，在传统的“认知在前”的教学流程中，一般需要范唱5遍；在嵌入游戏的新教学流程中，往往需要范唱8遍。在幼儿对歌曲还没有能够形成比较清晰的记忆表象之前，不要盲目要求幼儿跟唱。如果幼儿已经养成良好的习惯和一定的能力：在明确会唱的部分轻轻跟唱，在不明确是否会唱的部分安静倾听，是最好不过的状态。不要让我们盲目的教学要求干扰了幼儿的自主调控。

第七章　游戏化律动教学活动实例与分析

第一节　律动教学活动设计中的游戏规则嵌入

律动教学当然也存在从传统到新锐的不同设计思路。在此简单描述也是很有必要的：从完全的教师设计、教师示范，幼儿完全只是反复模仿练习的教学设计，到教师完全不给任何信息，仅仅是播放音乐让幼儿“随便跳”的两个极端，再到我们眼下探索出的各种不同样式的游戏化教学设计，大约是整个当代幼儿园律动教学设计的发展脉络。与歌唱活动相同：我们提供的律动游戏化活动类型大约可以划分为三个教师引导层次：一是舞蹈或称律动技能的教学游戏；二是嵌入了传统游戏规则的律动教学游戏；三是律动“自学游戏”。

由于本书重点介绍和举例的是“嵌入了传统游戏规则的律动教学游戏”。因此，在本节中将简要介绍“嵌入了传统游戏规则的舞蹈或称律动技能的教学游戏”和“律动自学游戏”。

一、嵌入了传统游戏规则的律动教学游戏

该种教学的内容和形式通常更适合于在社会专门学校或幼儿园内的兴趣小组进行。从专业技能学习内容分类的角度出发，可再分为：(一)身体能力的角度——如提升力量、耐力、柔韧、平衡、速度、灵敏性水平的游戏等；(二)心理能力的角度——如提升认知、想象、审美、创意、表现力水平等的游戏；(三)社会性发展的角度——可能有与同伴相互配合

及相互帮助、与团队合作及担任领袖、支持领袖、为共同的任务提供意见建议和积极的努力等方面的游戏；(四)个性发展的角度——可能有专门帮助幼儿提升自信、勇敢、坚持以及淡定、快乐等品质的游戏。

简要举例如下：

1. 领舞群舞游戏

参与幼儿分成若干小组。任务是跟随一段音乐即兴舞蹈，而且在舞蹈的过程中自然通过用创意动作吸引同伴，使得同伴群体自愿用幅度更小的模仿动作为其伴舞。

评价标准：领舞的动作更有创意，群舞伴舞的动作统一协调并能够更好衬托领舞。(注意：该游戏来自奥地利的奥尔夫课程，可能同时挑战幼儿学习者的身体、心理、社会性即个性等各方面的能力。)

2. 团队对抗快反追捉游戏

参与幼儿分成若干小组，两两小组对抗。各组都拥有一个基础分数，如100。各组都拥有一个所谓的"安全岛"。

各小组在音乐的第一部分按照ABAB或AABB的结构进行即兴的上肢快速统一动作的舞蹈。

在音乐的第二部分使用一种快速统一的下肢动作进行舞蹈，并同时协商决定在后续的"比大游戏(如'包剪锤')"中共同做出哪一种动作。

在音乐的第三部分或尾声部分的结束处，全体两组成员做出最后的"比大"动作。赢的一组立刻追捉输的一组。输的一组成员立刻跑向安全岛。

如果输的一组中有人被赢的一组捉住，按人数计算扣分。如果每人扣10分，被捉到3人就扣除30分，加到赢的一组的基础分上。输的一组这次最终基础分便是70分，赢的一组这次最终基础分便是130分。反复游戏，最终结束时凭各组的总分决定胜负。

二、"律动自学游戏"

与前述的歌唱自学游戏类似，即在区角游戏或其他自由游戏时间，教师提供或幼儿自选音乐或视频学习材料，完全独立或在教师的鼓励支持下

进行舞蹈律动内容的学习。形式和内容可以有很多,下面简单介绍两种:

1. 自由的"即兴娱乐"活动

教师播放适合即兴舞蹈的音乐,鼓励或随意让有意愿随乐舞蹈的幼儿自由地即兴舞蹈。教师给幼儿更宽松自由的物理环境和心理氛围,而教师自己主要在一旁观察不同幼儿在各个不同方面的现实发展水平。

如社会性方面:他或他们是独立、结伴,还是组成团队进行舞蹈?相互配合或合作的特点怎样?他或他们的即兴舞蹈在节奏、结构、表现力、创造性等方面已经发展到了一个什么水平?不同水平的幼儿之间差异究竟在哪些方面?

同时,教师还需要思考,如果下次设计组织集体活动或参与到幼儿的自主活动中,重点帮助幼儿提升的方面可以有哪些?怎样提出新的发展方向会更容易激发幼儿的自我教育积极性?

2. "学习超市"活动

教师在音乐舞蹈区角进行设计和布置,也可以邀请或鼓励年龄较大的幼儿部分参与或全权做主进行设计和布置。

学习内容1:区角活动进行的人数、内容、活动流程、规则的制定、资料设备的使用和管理;相关内容的记录和转换成提示图表;乐曲、乐器、服装、道具、影像资源、播放设备等的摆放位置。

学习内容2:教师提供的或幼儿自己从家里带来的各种舞蹈作品影像。

学习方式:幼儿自学互学。教师在不影响幼儿的情况下,以与幼儿平等的身份加入。或在适合的时候建议幼儿将他们自学的成果引入娱乐、庆典、家长开放日、班级、年级、社区联谊活动中进行展示,或引入集体教学活动进行提升。

第二节　小班活动实例

一、玩队形游戏《糖果邀请舞》

(故事及最终游戏玩法)小河马生日的时候,作为生日礼物,朋友们送来了各种糖果。小河马太喜爱这些糖果了。于是，他白天吃，晚上吃，夜里睡觉做梦还梦见自己在和这些美丽的糖果跳舞呢！

［音乐］

邀请舞

1＝F　2/4　　　　欧美民间舞蹈音乐

1 1　1 1 | 7127　1 | 3 3　3 3 | 2342　3 | 5551　7 | 4446　5 | 3335　4 4 | 5 4　3 |

小跑步找朋友　　邀请动作　邀请动作　拥抱

5551　7 | 4446　5 | 3335　4 4 | 5 4　3 ‖

邀请动作　邀请动作　拥抱

教学目标：

1. 感知音乐的大句子，在大句子的结构中半拍一次合拍地做小跑步动作，两拍一次地做邀请动作，四拍一次做拥抱动作。

2. 通过仔细观察教师和同伴的榜样，以及亲身尝试来掌握音乐与动作匹配的规律；积极创编不同的邀请动作。

3. 放松并最好能够愉快地与同伴交往，在还没有被邀请到的时候能够从容等待。

教学准备：

无

教学过程：

1. 教师简单讲述故事，然后带领幼儿坐着做上肢替代性动作。2～3 遍。

2. 教师扮演小河马，下位示范邀请舞的玩法，每邀请一个幼儿之后与之共舞，然后让其坐回原位。2～3 遍。

3. 教师邀请一个幼儿和自己一起扮演小河马，下位进一步示范邀请舞的玩法，每邀请一个新的幼儿之后与之共舞，然后让其坐回原位。2～3 遍。

4. 教师和幼儿一起讨论交流各种可能的邀请或打招呼的动作。然后教师邀请一个幼儿和自己一起扮演小河马，下位进一步尝试邀请舞的玩法，每邀请一个新的幼儿之后教师鼓励邀请者使用自己的邀请动作与之共舞，被邀请者需要模仿邀请者新创编的动作。然后让其坐回原位。2～3 遍。

5. 教师和配班教师一起扮演小河马，全体幼儿起立，被邀请过的幼儿回原位坐下，表示糖果到小河马肚子里睡觉去了。游戏连续进行，直到所有幼儿都被邀请过为止。

6. 有条件的班级可以同时邀请 2～3 个幼儿来尝试上述游戏方式。

二、表演游戏《牙细菌来啦》

（故事及最终游戏玩法）小河马每天吃很多的糖，又不刷牙漱口，嘴巴里长满了牙细菌。晚上，小河马睡觉的时候，牙细菌就出来破坏他的牙齿了。牙细菌把小河马的牙齿搞得到处都是黑黑的破洞，小河马只能哎呦哎呦地喊牙齿疼了！

［音乐］

以色列家庭舞

1＝F　2/4　　　　以色列民间舞蹈

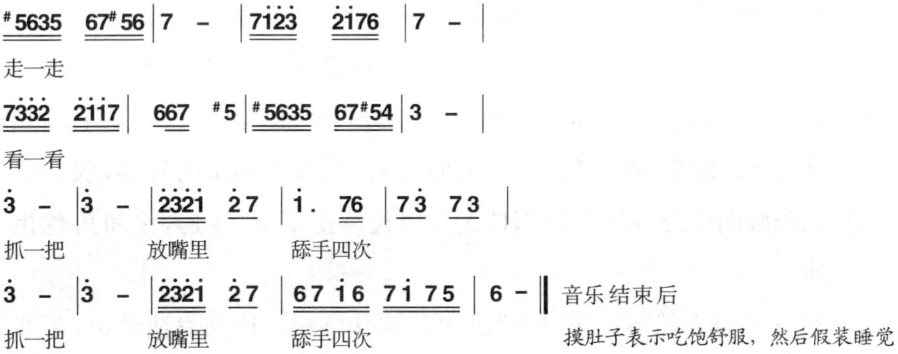

教学目标：

1. 感知音乐的大句子，合拍地在大句子的结构中一拍一次做走步动作，两拍一次做瞭望动作，四拍一次做抓的动作，两拍一次做放嘴里的动作，一拍一次做舔手的动作。

2. 通过仔细观察教师和同伴的榜样和亲身尝试来掌握音乐与动作

匹配的规律；积极创编不同的瞭望动作。

3. 放松并最好能够愉快地与同伴合作表演，在扮演牙齿的时候能够耐心等待同伴；扮演牙细菌时要轻轻地碰扮演牙齿的同伴的身体。

教学准备：

无

教学过程：

1. 教师简单讲述故事，然后带领幼儿扮演牙细菌坐着做上肢替代性动作。

2. 教师扮演牙细菌，配班教师扮演牙齿，合作示范游戏的玩法。2～3 遍。

3. 教师邀请一个幼儿和自己一起扮演牙细菌，进一步示范合作游戏的玩法。可以连续邀请 2～3 人，做 2～3 遍。

4. 教师邀请一个幼儿和自己一起扮演牙细菌，配班教师邀请一个幼儿和自己一起扮演牙齿。进一步示范和尝试了解合作游戏的玩法。可以连续邀请 2～3 人，做 2～3 遍。

5. 教师和幼儿一起讨论、创编、交流各种可能的瞭望动作。

6. 将全体幼儿分成两组，一组扮演牙细菌，另一组扮演牙齿。进一步尝试、了解、熟悉合作游戏的玩法。同时，教师鼓励扮演牙细菌的幼儿用不同的方法瞭望，鼓励扮演牙细菌的幼儿做抓的动作的时候，双手尝试轻轻触碰同伴身体的不同部位。可以连续邀请 2～4 遍，中间角色相互交换。

7. 全体幼儿扮演牙齿，配班教师扮演牙细菌。律动表演结束，牙细菌睡觉，幼儿表演牙齿感到浑身疼痛，教师徒手（也可以拿道具）表演用牙刷、牙膏刷牙，配班教师接着表演牙细菌死掉。

8. 小班下学期，有条件的班级可以这样：全体幼儿扮演牙细菌，教师与个别幼儿扮演牙齿。律动表演结束，牙细菌睡觉，教师自己与个别幼儿示范表演浑身疼痛，配班教师徒手（也可以拿道具）表演用牙刷、牙膏刷牙，教师接着示范表演牙细菌死掉的各种表演。

三、猜谜游戏《狗熊和面包》

（故事及最终游戏玩法）小朋友一起来做面包：A段音乐：先揉面团，再刷黄油，最后再撒上香甜的佐料。B段音乐：送进烤箱烤一烤，好吃的面包烤好啦！C段音乐：面包们睡觉的时候，一只贪吃的小熊闻到面包的香味，跑过来把一个面包抱走了。究竟是哪一只面包不见了呢？我们把它找回来吧！

［音乐］

兔子和狼

1=F 2/4　　　　汪爱丽　曲

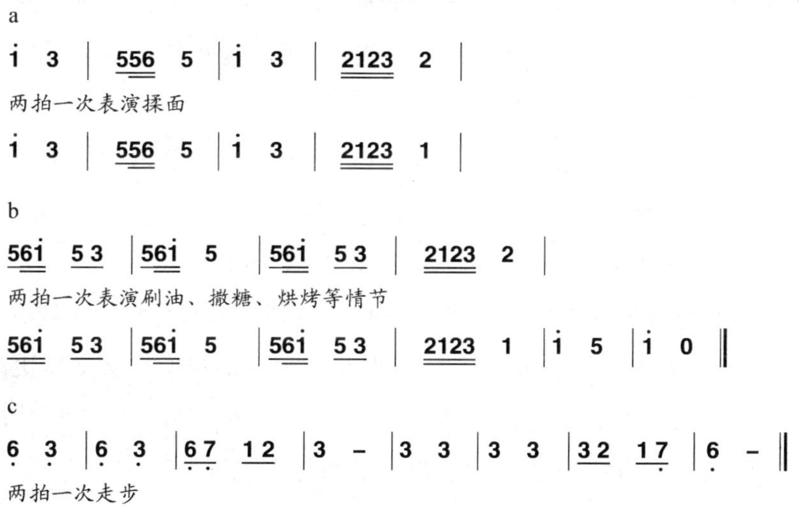

教学目标：

1. 感知音乐的ABC结构。合拍地表现揉面、刷油、撒糖、烘烤等情节。

2. 通过仔细观察教师和同伴的榜样，以及亲身尝试，来掌握音乐与动作匹配的规律；在游戏的过程中，积极反思、交流：怎样才能够更快、更准确地猜出被教师藏起来的同伴（先留意并努力记住坐在自己左右的同伴是谁）。

3. 体验“要把被教师藏起来的同伴救回来”的积极情感，慢慢克服对“被藏”的恐惧感。

教学准备：

1. 准备一块比较大的盖布。

2. 在教学场地摆放一些障碍物。

3. 准备一幅制作面包的流程图。

教学过程：

1. 教师简单介绍制作面包的过程，然后带领全体幼儿随完整的 AB 结构音乐做相应动作。3～4 遍。

2. 教师简单介绍后续的情节，然后请全体幼儿蒙上眼睛，用盖布或障碍物藏起一个幼儿。再请全体幼儿睁开眼睛，猜测“哪一只小面包”被小狗熊偷走了。最后再鼓励大家大声喊他的名字，把他救出来。3～4 遍。

（注意：第一次需要藏一个平时比较胆大的幼儿，还要及时做好安抚工作；小班幼儿比较难于控制自己的好奇心，所以提醒幼儿不能“偷看”也是非常重要的。）

3. 讨论：怎样才能够知道谁不见了呢？（先留意并努力记住坐在自己左右的同伴是谁。）

4. 再玩 1～2 遍。

5. 教师邀请全体幼儿起立，自由交换座位，并告知：是因为面包师不小心把盘子弄翻了。虽然游戏变难了，但是相信小面包们也会变得更能干了。

6. 再玩 2～3 遍。每次结束后都要重新交换座位。

第三节　中班活动实例

一、表演—合作—快反游戏《喜羊羊和灰太狼》

（故事及最终游戏玩法）吃过晚饭，喜羊羊和灰太狼出门去散步。虽然天很黑，前面什么也看不见，但他们仍然快乐地走着，一边走还一边跳着舞。突然，嘭咚，两个人撞在了一起，都被吓了一大跳！这时候，你们猜：喜羊羊会干什么？灰太狼又会干什么？

［音乐］

七士进阶

1=F　2/4　　　　　　　　　　　　丹麦民间舞曲

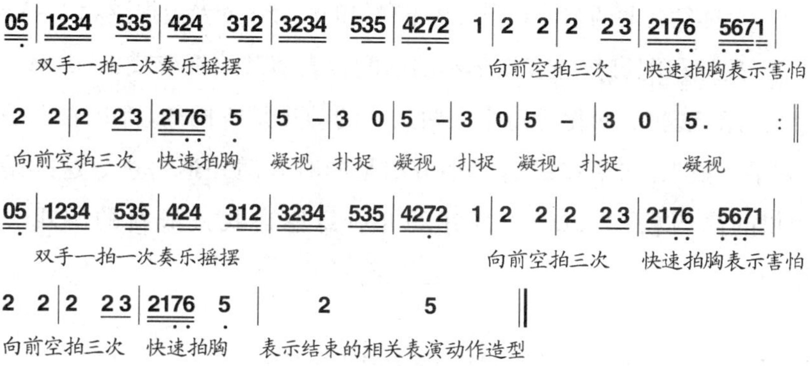

教学目标：

1. 跟随音乐有节奏地做律动和游戏。尽量在最后七小节能够轻松、准确、自如地随乐做合作游戏动作。

2. 学习使用故事理解记忆和数量计算记忆的方法，帮助快速准确地感知音乐和动作组合的一一对应关系；进行追捉游戏的时候躲避的喜羊羊一方尽量逃向不同的方向，并在不同的地方躲避对方的追捉。

3. 合作游戏的时候尽量使用目光与同伴交流；进行追捉游戏的时候尽量做到：从容冷静，不抢节奏，不提前追逃；无论输赢都能够保持愉快的“逗你玩”的情绪体验。

教学准备：

1. 教学挂图：简明地表现出动作表现的内容和变化、重复的结构。

2. 音乐录音：前面 18 小节重复 3 遍，接第 19 小节后的 12 小节。

教学过程：

1. 全体幼儿坐成半圆。教师简单讲述故事内容，邀请幼儿创编表现故事主要人物的上肢动作（羊角或狼爪）。

2. 教师带领全体幼儿跟随音乐练习做规定中上肢的表演动作。羊的动作做2遍，狼的动作做2遍。（注意：两只手的动作是相同的。）

3. 教师和配班教师表演羊和狼的配合表演及追捉游戏2遍。

4. 教师和不同的幼儿表演羊和狼的配合表演及追捉游戏2～3遍。

5. 一对或两对幼儿表演羊和狼的配合表演及追捉游戏1～2遍。

6. 全体幼儿两两结伴共同表演羊和狼的配合表演及追捉游戏2～3遍。

7. 教师和配班教师表演羊和狼的配合表演及追捉游戏1～2遍。

（注意：这次的变化是每个人两只手的动作是不同的，都是左手是羊角，右手是狼爪，双手在最后7小节都是同时表演一追一逃。这次是教师提供的高级榜样，以便下次让幼儿有意愿自我挑战新的游戏表演难度。）

二、声音长度的快反游戏《传统丹麦民间舞蹈》

（最终游戏玩法）集体拉成一个圆圈，向逆时针反向轻轻小跑步。拍手三次，自转一圈，再拍手三次，自转一圈。在|5 –|3 0|处重复做规定控制动作，在长音处起立准备重新开始。

（注意：|5 –|3 0|处的5音，在真实丹麦民间舞蹈过程中是可长可短自由处理的，因此，舞蹈者需要认真倾听后快速进行反应。而且连续舞蹈的时候，每重复一次，5 –|3 0|就多重复1遍。因此，动作上也不断累加。）

[音乐]

七十进阶

1=F 2/4　　　　丹麦民间舞曲

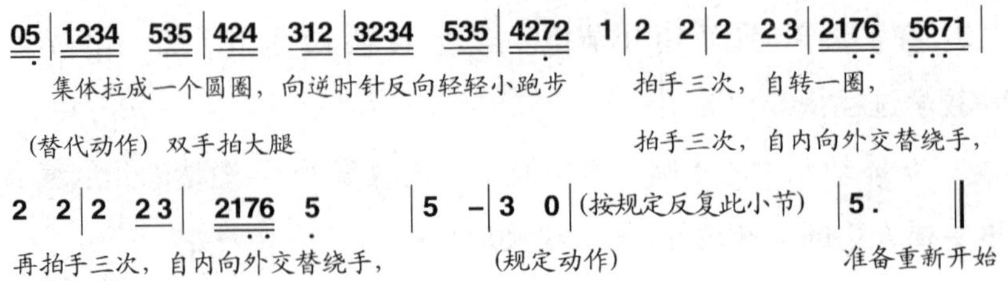

（规定动作）

第一遍音乐：**5 -|3 0|**重复 1 遍。5 音抬起一条腿，3 音放下。

第二遍音乐：**5 -|3 0|**重复 2 遍。5 音抬起一条腿，3 音放下，换另一条腿重复。

第三遍音乐：**5 -|3 0|**重复 3 遍。加 5 音跪下一条腿，3 音不动。

第四遍音乐：**5 -|3 0|**重复 4 遍。加换另一条腿重复。

第五遍音乐：**5 -|3 0|**重复 5 遍。加 5 音一肘落地，3 音不动。

第六遍音乐：**5 -|3 0|**重复 6 遍。加换另一肘重复。

第七遍音乐：**5 -|3 0|**重复 7 遍。5 音将下巴或肚皮贴地，3 音不动。

教学目标：

1. 跟随音乐有节奏地做律动和游戏。尽量在第 1～12 小节轻松、准确、自如地随乐做合作游戏动作。

2. 通过“听音剪线游戏”理解：声音是有长短不同的。可以用长短不同的动作与长短不同的声音一一对应。

3. 尽量冷静、准确地对声音的长短和重复次数变化进行反应，并体验力求正确反应的紧张和愉快。

教学准备：

1. 教学挂图：简明地表现出动作的内容和变化、重复的结构。

2. 音乐录音：

第一版本——前面 18 小节连续重复 2 遍。第 2 遍之后再接第 19 小节后的 12 个小节。

第二版本——前面 18 小节连续重复 7 遍。特别注意每重复 1 遍，**5 -|3 0|**这两小节需要增加重复 1 遍。第 7 遍之后再接第 19 小节后的 12 个小节。

第三版本——各次**5 -|3 0|**的 5 都不一样长短。

（注意：较长、一般、较短三种即可。）

3. 准备一个白色纸盒做成的教具，里面事先放一个彩色线球（彩线的直径需要比较粗一些，以便于幼儿抓握和看清楚。但又不宜太粗太硬，否则幼儿不易剪断。）

4. 剪刀一把。

教学过程：

1. 全体幼儿围坐成半圆圈，教师引导幼儿玩“听音剪线游戏”：教师发出一个长音，一个幼儿从盒子的小孔中将线头拽出，教师中断发声，另外一个幼儿立即在靠近小孔的地方，将线剪断。反复邀请不同的自愿者来玩此游戏，将长短不同的彩线在白色的底板上自上而下排序。教师同时引导幼儿使用长、短、更长、更短、比较长、比较短、中等等概念词来描述这些彩线。

2. 教师带领全体幼儿坐在椅子上使用上肢做相应律动，感知声音长短在音乐中和律动一一对应的表现及趣味。1 遍。

（注意：此时适宜使用第一个仅仅只重复 3 遍的版本，避免幼儿厌烦和疲劳。为了避免幼儿过度兴奋，此时还必须将所有下肢运动改为上肢的替代动作。）

3. 教师邀请幼儿简单交流：声音长短在音乐中和律动一一对应的表现及趣味。

4. 教师出示图谱，帮助幼儿了解和体验将要做的那些有趣动作和动作重复累加的趣味。

5. 教师带领全体幼儿坐在椅子上使用上肢做相应律动，感知声音长短在音乐中和律动一一对应的表现及趣味。第二版本音乐，2 遍。

（规定动作的替代动作）

抬腿——举手臂

下跪——摸脚背

肘落地——肘撑大腿

下巴贴地——下巴碰膝盖

6. 教师带领全体幼儿起立拉成一个圆圈，音乐开始，大家向逆时针反向轻轻小跑步。拍手三次，自转一圈，再拍手三次，自转一圈。在 5 -|3 0|处重复做规定控制动作，在长音处起立准备重新开始。第三版本音乐，2 遍。

三、猜谜一快反游戏《狡猾的狐狸在哪里》

（最终游戏玩法）教师邀请获得权利的幼儿蒙上眼睛，然后用自己的方法悄悄选定一个幼儿担任狐狸，其他人都是兔子。A 段音乐：集体围成一个圆圈，逆时针反向轻轻小跑步。在说“哈”的同时停下并将脸转向圆圈里面相互看看，一共做 6 次。B 段音乐：面向圆心，用手指着圆圈中的任何人，用玩笑的态度有节奏地说规定的话。A’段：全体面对圆心轻轻小跑步。在说“哈”的同时停下并将脸转向圆圈里面相互看，一共做 2 次。然后按照节奏说规定的话。被事前悄悄指定的“狐狸”大声地说最后三个字“就是我”，然后突然冲出来抓兔子，全体兔子快速上位。如果狐狸抓住了某只兔子，可以获得权利的幼儿悄悄告诉教师他所选定的下一只狐狸。

［音乐］

拨　弦

1=F　2/4　　　　［德］德利博　曲

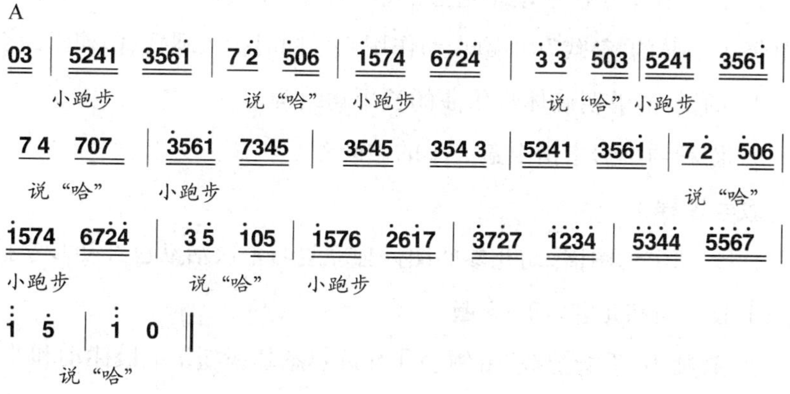

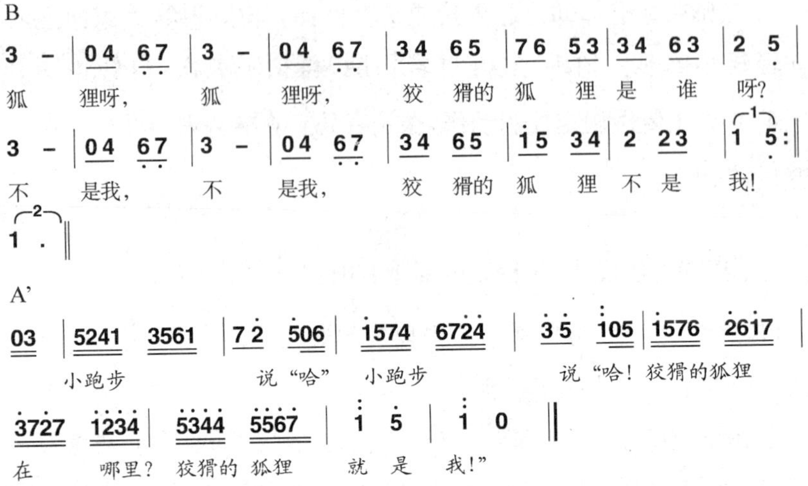

教学目标:

1. 按照音乐的节奏和"长短句结构"发怪声、念儿歌、做律动和玩游戏。

2. 在图谱及教师的手指游戏的暗示下,了解、理解和记忆乐曲的长短句结果,并通过发怪声游戏进一步感知长短句结构的特殊趣味。提高警惕,注意观察,尽力发现"狐狸"的踪迹。

3. 教师指定"狐狸"的时候不"偷看";狐狸没有说完"就是我"之前不"逃跑"。

教学准备:

1. 已经在上一次活动中通过图谱和教师带领练习的律动和儿歌,初步掌握了上肢的"替代"(小跑步动作用双手同时拍大腿代替)律动组合。

2. 图谱:能够明确体现乐曲的长短句结构。

3. 面积约小拇指指甲盖大小的贴画若干。

教学过程:

1. 教师出示图谱,幼儿参照图谱独立复习上次活动已经初步掌握的随乐上肢律动和儿歌。2~3 遍。

2. 教师用"手指游戏"带领幼儿继续熟悉掌握随乐上肢律动和儿歌。2~3 遍。

(注意:教师举起双手两根食指齐肩高、同肩宽,在乐谱指示下要做“小跑步”的地方快速扣动手指,同时慢慢向中间靠拢,在说“哈”的时候正好将双手放在嘴巴的两侧。在长句时,双手可拉开更宽距离,向中间靠拢的速度可更慢一些;在短句时,双手可拉开更短距离,向中间靠拢的速度可更快一些。)

3. 全体幼儿围成一个圆圈,按照乐谱上规定的方法做律动念儿歌。1～2 遍。

4. 加入“卧底游戏—追捉”。

(注意:教师选择狐狸之后,将小贴画粘贴在幼儿身体上不太显眼的地方,并告知其他幼儿:当狐狸的人身上是有记号的,需要仔细观察才能够发现。)3～4 遍。

四、情境表演—镜面模仿游戏《小鞋子的舞》

(故事及最终游戏玩法)米格爷爷的鞋匠店里,有许多可爱的小鞋子。他们白天安静地待在鞋匠店的鞋柜里。到了半夜米格爷爷睡着的时候,就会跑出来跳舞做游戏。他们互相模仿,互相打招呼。一听到爷爷可能起床的声音,他们就会立刻跑回鞋柜里,假装从来也没有出来玩过。但是,一发现爷爷没有起来,就又会跑出来玩。天亮了,这一次米格爷爷真的起床了。但是小鞋子们乖乖地安静地在鞋柜里睡觉,就好像从来没有出去过一样。

[音乐]

闲聊波尔卡

1=F 2/4

[奥]施特劳斯曲

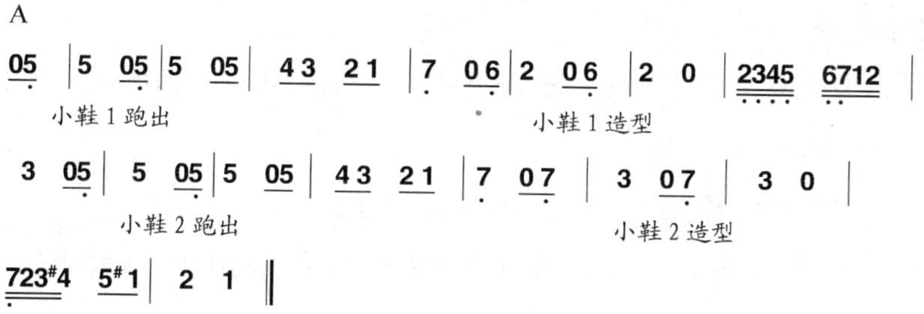

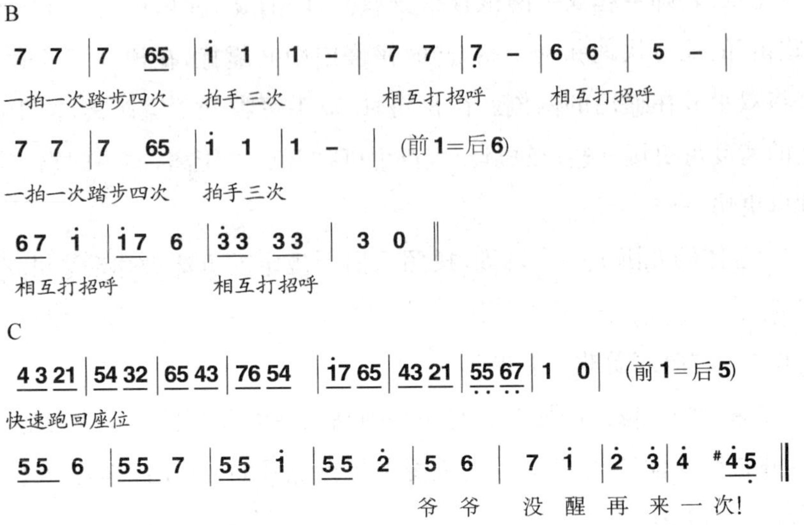

从头反复一次 a 和 b
尾声:(乐谱略)
快速跑回座位

教学目标:

1. 尽量按照规定的节奏和结构随乐表演和游戏。小鞋 2 尽量做与小鞋 1 对称的镜面模仿动作;努力体验和表现小鞋子调皮的性格以及没有让爷爷发现的自豪感。

2. 学习创编空间水平高低不同的造型动作;通过观察他人造型榜样和实际的亲身实践进一步理解“对称”概念在舞蹈表演中的应用。

3. 明确自己的结伴对象、自己的鞋柜、自己的角色;和谐愉快地与舞伴配合舞蹈和游戏,在表演时尽量看着同伴的眼睛,与同伴交流欣喜的情绪。

教学准备:

1. 作为戏剧课程活动的一部分,前期已经通过各种其他领域的活动熟悉了这个片段的故事情节。

2. 上次活动已经初步学习过坐在椅子上的上肢替代律动。

(注意:在替代律动中,左右手分别代表小鞋子中的 1 和 2;教师也用语言和动作暗示每双鞋子的名字和样式是不同的。)

教学过程：

1. 复习上次活动已经初步学习过的坐在椅子上的上肢替代律动。2遍。

2. 教师鼓励幼儿创编展示交流小鞋子的各种不同造型，并给自己或他人的小鞋子造型起名字。

3. 教师邀请幼儿和自己一起尝试做两人合作的镜面配合造型。2～3人次。

4. 教师与配班教师两人合作向幼儿完整随乐示范整个律动游戏。

（注意：提醒幼儿注意每次仅出去一只鞋子，且第二只鞋子要镜面模仿第一只鞋子的造型。面对幼儿摆放一把椅子，配班教师作为第一只小鞋子，坐在椅子上，教师自己作为第二只小鞋子，站在椅子后面。音乐开始后，配班教师先跑出去，造型，然后教师再跑出去，镜面模仿配班教师的造型动作。）

5. 教师邀请幼儿和自己一起尝试完整随乐示范整个律动游戏。1～2人次。

（注意：强调幼儿注意每次仅出去一只鞋子，且第二只鞋子要镜面模仿第一只鞋子的造型。幼儿作为第一只小鞋子，坐在椅子上，教师自己作为第二只小鞋子，站在椅子后面。音乐开始后，幼儿先跑出去，造型，然后教师再跑出去，镜面模仿幼儿的造型动作。）

6. 教师邀请一对幼儿再次尝试完整随乐示范整个律动游戏。

（注意：重点问题同上。）

7. 教师邀请两对幼儿再次尝试完整随乐示范整个律动游戏。

（注意：面对幼儿摆放两把椅子，两个幼儿作为第一只小鞋子，坐在椅子上，另外两个幼儿自己站在椅子后面。音乐开始后，坐在椅子上的两个幼儿先跑出去，造型，然后站在椅子后面的两个幼儿再跑出去，镜面模仿幼儿的造型动作。）

8. 教师邀请全体幼儿一起尝试完整随乐做整个律动游戏。2～3遍。最后一遍时，教师扮演米格爷爷，音乐开始前，假装劳动累了在睡觉，在间奏的时候，先伸懒腰，假装要醒过来，然后又假装睡着。最后，在尾奏的时候，起来假装检查小鞋子是否离开过鞋柜。

第四节　大班活动实例

一、表演—快反游戏《山狗与臭鼬》

（故事及最终游戏玩法）山狗和臭鼬一起住在高山上。有一天，臭鼬要山狗下山去骗小动物上山来给它当点心吃。山狗来到村子里对小动物们说：我们一起去跳舞吧！小动物们谁也不肯去，山狗又说：我们一起去寻找宝贝吧！小动物们同意了。山狗又说：那些宝贝有强盗看守，我们需要和一些泥巴，把自己伪装起来，强盗们才不容易发现我们。小动物们就真的和了一些泥巴，把自己涂得黑漆漆的，然后就跟着山狗出发了。小动物们上山以后，到底遇到什么危险的事情呢？

A 段音乐一共重复了 10 遍：

第 1～4 遍音乐：山狗邀请小动物跟自己进山，小动物最后同意去寻宝。

第 5～6 遍音乐：山狗带领小动物和泥巴伪装自己。

第 7～8 遍音乐：山狗带领小动物进山寻宝，走走看看。

第 9～10 遍音乐：山狗让小动物隐蔽等待，自己先去前方看看情况。

W 即尾声音乐：

大家假装听见可怕的声音，紧张等待最后危险出现的信号。

尾声音乐结束：

教师发出具体信号——马蜂来啦（大家抱头跑上位）；狗熊来啦（大家造型变“石头人”）；臭鼬大王来啦（教师同时扮演臭鼬放屁，大家假装被熏昏倒）。

［音乐］

山妖大殿

1=F　2/4　　　　　　　　［挪威］ 格里格曲

教学目标：

1. 按照音乐的结构和节奏进行表演和游戏。

2. 利用故事和动作帮助了解和理解音乐的结构；创编各种不同的“和泥巴伪装自己”的节奏动作。

3. 游戏过程中先认真倾听信号再尽最大可能快速反应。放松地表演，同时体验不能预知结果的紧张感。

教学准备：

无

教学过程：

1. 教师简单讲述故事，重点帮助幼儿理解“寻宝”、“伪装”等词汇的含义。

（注意：教师可以在讲述故事之后，鼓励幼儿自行提出听不懂的词。）

2. 教师鼓励创编“和泥巴伪装自己”的节奏动作。

（注意：教师可以鼓励幼儿做出将“泥巴”抹在身体不同部位的动作。）

3. 教师带领全体幼儿坐在椅子上完整跟随音乐做替代性上肢表演动作。2遍。

4. 教师邀请1～2个幼儿跟自己一起完整跟随音乐做表演。音乐结束后说："马蜂来啦！"

（注意：先看这两个幼儿如何反应，然后再和全体幼儿一起讨论，得出"抱头"跑上位的结论。）

5. 教师邀请全体幼儿跟自己一起完整跟随音乐做表演。音乐结束后说："马蜂来啦！"

6. 教师邀请全体幼儿跟自己一起完整跟随音乐做表演。音乐结束后说："狗熊来啦！"

（注意：先看幼儿如何反应，然后再一起讨论，得出造型不动的结论。）

7. 教师邀请全体幼儿跟自己一起完整跟随音乐做表演。音乐结束后随机说："马蜂来啦！"或"狗熊来啦！"2～3遍。

（注意：第一遍后先看幼儿如何反应，然后再一起讨论，得出需要认真倾听信号再快速反应的结论。）

8. 教师邀请全体幼儿跟自己一起完整跟随音乐做表演。音乐结束后说："臭鼬大王来啦！"

（注意：这次教师同时扮演臭鼬放屁，和大家一起讨论怎样表演被臭屁熏昏倒的有趣情境。）

9. 最后一次游戏。音乐结束后教师任意说一种或连续说几种信号。

二、控制—合作游戏《狐狸和石头》

（故事及最终游戏玩法）小狐狸和朋友们来到花园做捉迷藏的游戏。轮到小狐狸来找藏起来的人，朋友们都躲在小狐狸的后面，小狐狸走，他们也走，小狐狸回头看，他们就都变成石头人。小狐狸到底能不能把他们找出来呢？

两人结伴，在做最后一个造型的时候，按照游戏规则分别仅允许三条或二条或一条腿落地。在音乐结束之前，如果有人在任何一个造型的地方被小狐狸发现“犯规—动了”，就退出游戏。连续游戏直到剩下最后一组胜利者为止。

[音乐]

冰 狗

1=F 2/4 欧州民间舞蹈音乐

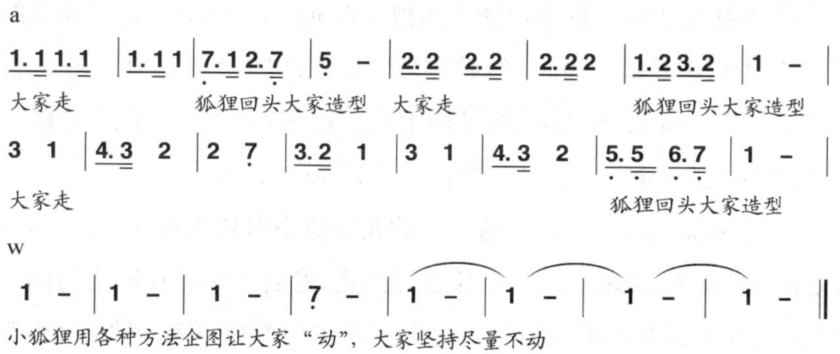

（替代动作）

1. a段音乐：大家走——双手同时拍大腿；“狐狸回头”——大家拍手。w：保持拍手状态静坐不动。

2. a段音乐：大家走——双手同时拍大腿；“狐狸回头”大家——教师回头看，大家造型不动。w：保持最后造型状态静坐不动。

教学目标：

1. 按照音乐的节奏进行表演和游戏。

2. 利用动作帮助了解和理解音乐的结构；创编不同的个人、双人、多人造型动作；探究和分享保持造型稳定的各种有用策略。

3. 尽最大可能坚持不动，包括眼睛、嘴巴、眉毛都不能动；多人造型尽力相互扶持，保持稳定。

教学准备：

无

教学过程：

1. 教师简单介绍故事，然后带领幼儿随乐做上肢替代动作1。2～3遍。

2. 教师扮演小狐狸，先背对大家，在规定音乐处回头；幼儿随乐做上肢替代动作2。在w音乐处教师下位随机逗幼儿，幼儿必须保持不动。2～3遍。

3. 教师扮演小狐狸走在前面，全体幼儿起立找空的地方，随乐先跟在教师后面走，然后在教师回头的同时做造型。在w音乐处教师随机逗幼儿，幼儿必须保持不动。被教师发现动的人就算“犯规”。2遍。

4. 连续玩2遍。教师扮演小狐狸走在前面，全体幼儿起立找空的地方，随乐先跟在教师后面走，然后在教师回头的同时做造型。在w音乐处教师随机逗幼儿，幼儿必须保持不动。被教师发现动了的人自行上位，没有“犯规一动”的人继续进行第二遍游戏。2遍。

5. 连续玩2遍。教师邀请2个幼儿扮演小狐狸走在前面，全体幼儿起立找空的地方，随乐先跟在小狐狸后面走，然后在小狐狸回头的同时做造型。在w音乐处小狐狸随机逗幼儿，幼儿必须保持不动。被教师发现动了的人自行上位，没有“犯规一动”的人继续进行第二遍游戏。2遍。

6. 最终游戏玩法可根据班级的实际情况在第二或第三次活动中再尝试。

三、合作“解套”玩队形游戏《三人套圈》

（最终游戏玩法）

结套：三人一组，中间一人先将双手在腹部交叉，两边的人内侧的手在中间人的后腰部相握，外侧的手在中间人侧腰部握住中间人的手，最后两边人再将在中间人后腰相握的手经由中间人的头部翻到其腹前，形成三层六手相握的连环套。

解套：两边的人将最上面相握的手经由中间人的头部翻到其脚部并蹲下，让中间的人边后退边将双脚依次从两边相握的手上面倒退地过去。然后是两边的人依次用同样的方法退出去。但必须的顺序是：被别人的手从头部翻越的同时也是即将从别人相握的手上退出的人，是没有手在最上面相握的。

队形：a 段音乐，三人一组走中心放射开花队形。b 段音乐，三人结套解套。

换朋友：每次音乐结束，重新开始时，各组中间的人都向前快速跑动，和前面一组的两边的人重新组成一个“新的三人一组”。（有条件情况下才做）

［音乐］

墨西哥草帽舞

1＝F　2/4　　　　墨西哥民间舞蹈音乐

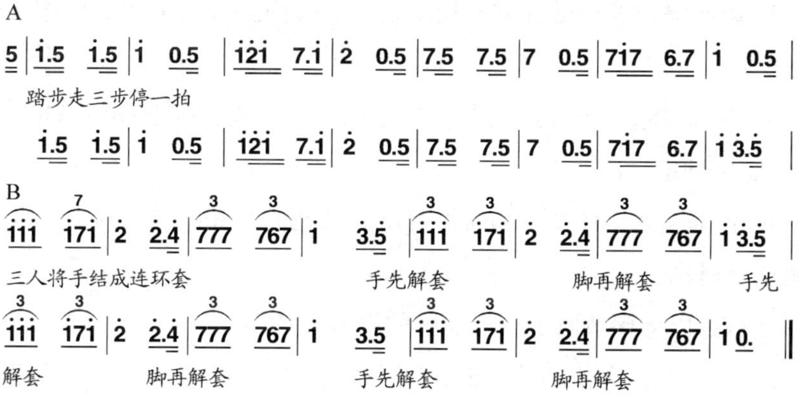

（替代性动作）

A 段音乐：双手同时拍大腿，拍三次停一拍。

B 段音乐：

三人将手结成连环套——自己双手相握。

手先解套——前四拍，扬起右手向外划一大圈，弯腰，后两拍右脚踏一下，最后两拍左脚踏一下。下一八拍，换左手重复一次。再下一八拍，再换右手重复一次。

教学目标：

1. 熟悉音乐及其 AB 的结构，按照音乐的节奏和结构做结套和解套律动游戏；学习在“开花走”队形中玩套圈游戏。

2. 通过仔细观察和认真实践，迅速掌握结套和解套的规律。

3. 尽量做到：有建议就轮流提供，有人提供了建议就立即尝试，三个舞伴紧密配合，努力协调一致。

教学准备：

在课前的空余时间或体育活动时间里，最好让幼儿有自由探索如何结套和解套的机会。

教学过程：

1. 教师邀请一组幼儿展示他们对套圈游戏的掌握水平，反思讨论。

（注意：在反思讨论过程中，教师需要帮助幼儿解决普遍性的重点问题。）

2. 教师邀请两组幼儿同时展示他们对套圈游戏的掌握水平，简单反思讨论。

3. 教师邀请三或四组幼儿自愿者同时展示他们对套圈游戏的掌握水平，简单反思讨论。

4. 教师邀请全体幼儿同时再尝试提高他们对套圈游戏的掌握水平，简单反思讨论。

（注意：以上环节属于难点前置的学习设计。）

5. 教师带领全体幼儿坐着随乐做上肢替代动作。2～3 遍，不超过 4 遍。

（注意：重点是 b 段音乐的动作，教师应特别关注幼儿是否能够初步掌握音乐和节奏的匹配。）

6. 教师带领全体幼儿站着随乐做上肢替代动作。1～2 遍。

7. 三人一组站开花队形，原地快速结套，然后教师唱 b 段音乐的后三个八拍，专门练习解套。2～3 遍。

8. 三人一组站开花队形，教师唱 b 段音乐全部的四个八拍，连贯练习结套和解套。2～3 遍。

9. 三人一组站开花队形，连贯播放 ab 段音乐，连贯练习三步一停—结套—解套。2～3 遍。

（注意：练习过程中如果发生问题，每遍练习过后，可以反思讨论和进行专项练习。）

四、玩队形游戏《特瑞卡》

（故事及最终游戏玩法）小朋友开着汽车到山区去旅游。看见一个山洞，钻了过去，又看见一个山洞，又钻了过去，山区的风景太美丽了，他们一高兴就开错方向，只好立刻反方向开回去。这下子终于开对了！

“三人一排”组成“中心放射开花队形”。a段音乐：第一、第二乐句，向前小跑步；第三乐句，中间人左手拉内圈人从自己和外圈人中间钻过去，然后自己自转一圈；第四乐句，中间人右手拉外圈人从自己和里圈人中间钻过去，然后自己自转一圈。b段音乐：前两个乐句，中间人甩右边的人，与左边的人拉手，再引导三人拉手先向逆时针方向小跑步转圈，然后在第二句的最后三拍原地跺脚三次；后两个乐句，反方向重复一次，最后恢复三人一排；音乐重新开始时，各组中间的人都向前快速跑动，和前面一组的两边的人重新组成一个“新的三人一排”。

［音乐］

特瑞卡

1=F 2/4　　　　俄罗斯民间舞蹈音乐

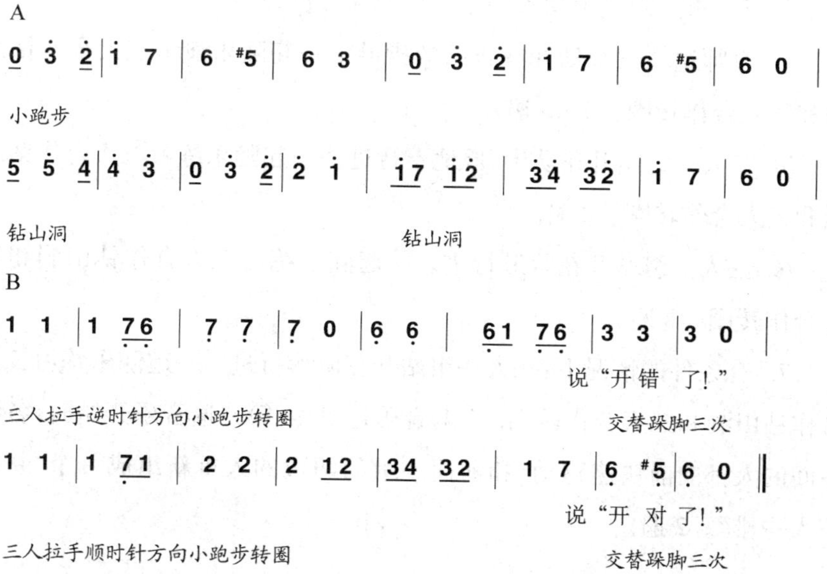

教学目标：

1. 熟悉音乐及其AB的结构，按照音乐的节奏和结构做三人正反“钻山洞”、正反转圈律动游戏；学习在“开花走”队形中玩这些游戏。

2. 通过仔细观察教师的示范、倾听教师的讲解和亲身实践掌握游戏规律；特别注意掌握各种转圈空间变化的规律和“回到原位”概念的含义。

3. 了解中间的人在整个队形变化中的核心作用：中间的人要学会承担主要责任，两边的人要学会努力配合中间的人完成共同的任务。

教学准备：

无。如果幼儿已经有“开花走队形”经验则更好。

教学过程：

1. 教师边简单讲述故事边示范替代性上肢动作。

2. 教师带领幼儿随乐坐着做替代性上肢动作。2～3遍，不超过4遍。

3. 教师邀请两个幼儿和自己一起随乐演示三人合作钻山洞和三人合作转圈。

（注意：重点阐述中间人的主动作用和责任。）

4. 教师邀请三个幼儿在自己的指导下一起随乐演示三人合作钻山洞和三人合作转圈。2～3遍。

5. 三人一组站开花队形，原地不行进。一起随乐练习三人合作钻山洞和三人合作转圈。2遍。

6. 三人一组站开花队形行进。一起随乐练习三人合作钻山洞和三人合作转圈。2遍。

7. 有条件的情况下：三人一组站开花队形行进。一起随乐练习三人合作钻山洞和三人合作转圈。2遍音乐连贯做，第二遍音乐开始时，各组中间的人都向前快速跑动，和前面一组的两边的人重新组成一个“新的三人一排”。2遍。

练习题与常见问题提示

一、练习题

1. 尝试实践本章提供的所有活动范例。

2. 尝试使用本章提供的传统游戏规则嵌入新选择的音乐材料设计类似的活动。

二、常见问题提示

1. 创意律动游戏与舞蹈知识技能训练游戏在目标追求方面还是有着根本不同的。为了适应大多数幼儿快乐学习的需要,在学习新内容的时候,由于音乐、游戏都是新授内容,因此,动作部分不宜再选择新的内容。选择动作的“够用原则”便是:选择幼儿自然可以做出的动作。

2. 本书主要介绍游戏化的集体音乐教学策略。如果是需要进行新的舞蹈动作教学,就应该先找到与将要新授动作有一定关联的已经掌握的动作。如先学会了垫步,可再学习进退步,然后可再学习退踏步;先学会了小碎步,可再学习小跑步,然后再学习后踢步,最后还可以学习前踢步……

3. 动作和音乐不匹配的问题也很常见。动作或音乐一方面或两方面存在困难,教师没有讲解示范清楚,幼儿学习习惯没有培养好,音乐的速度或动作本身的速度太快,动作本身不够熟练,或者幼儿的体能跟不上等,都是产生问题的可能原因。以往更多教师认为严格对幼儿好,就拼命督促幼儿反复练习;当下更多教师认为随意对幼儿好,就随便放任自流。这两种极端倾向实际上对幼儿都不好。前者容易让幼儿厌恶学习;后者容易让幼儿养成任何事情都马虎了事的习惯。因此,适当难度的持续循序渐进、愉快游戏的享受、聪明的教与学的方法、一丝不苟的严格要求都应该是缺一不可的。

4. “等待前奏准确开始”的问题不仅仅是音乐感培养的问题,也是养成凡事“不打无准备之仗”的良好性格的重要问题。因此,所有律动活动都应该有明确的前奏。而且,前奏本身就是给舞者做起舞准备的,因此,千万不要再把前奏的地方也创编上舞蹈动作。

第八章　游戏化奏乐教学活动实例与分析

第一节　奏乐教学活动设计中的游戏规则嵌入

在上世纪90年代初期，奏乐教学的现代改革首先是从“整体教学法”（注：整体教学法的核心是先让幼儿掌握配器方案的整体结构，然后再分声部演奏，是针对各个声部单独学习后再合奏的传统方法的改良）出现开始。最后，奏乐教学活动设计总的流程逐渐和律动教学游戏化的基础流程统一起来，即：故事—动作—音乐—其他；加乐器演奏的部分就包含在“其他”里面了。另外，奏乐教学也同样经历了从完全的教师设计、教师示范、幼儿完全只是反复模仿练习的教学设计，到教师完全不给任何信息，仅仅是播放音乐让幼儿“随便奏”的两个极端的发展状态，最后才发展到眼下探索出的各种不同样式的游戏化教学设计的阶段。与歌唱活动相同，我们提供的奏乐游戏化活动类型大约可以划分为三个层次的教师引导：一是奏乐技能的教学游戏；二是嵌入了传统游戏规则的奏乐教学游戏；三是奏乐“自学游戏”。

一、打击乐器演奏整体教学法

奏乐教学与歌唱教学、律动教学相一致。特别需要在此再次强调的是：除非特别需要的设计，一般的流程都应该注意从音乐的整体形象入手，结合感知、记忆、练习等环节，尽量以整体感知和表现为学习方式。

仅在偶尔遇到特别困难的问题时，才会采用难点前置或难点反思—完善的方式。因此我们把这一原则称为“先分层后分段”的设计原则。尤其是新手教师需要尽量避免设计或执教需要难点特别提取前置或后置的方案。

打击乐器演奏的教学流程主要有：1. 从总谱学习开始的设计；2. 从总谱创编开始的设计；3. 从主要声部学习开始的设计；4. 从主要声部创编开始的设计；5. 从音乐欣赏开始的设计；6. 从故事开始的设计；7. 从韵律活动开始的设计；8. 从歌唱开始的设计等。

无论从什么样的活动开始整个流程，打击乐器演奏的整体教学法都主要强调参与演奏的幼儿有机会了解作品的整体音响形象，强调幼儿所做的合作演奏的努力，是建立在主动追求自己所了解的整体音响形象的基础之上的。整体教学法作为一套完整的方法体系，又包含三种重要的具体方法，即变通总谱法、击节奏型指挥法和引导参与创作法。

（一）“变通总谱法”指运用便于幼儿感知记忆的“变通乐谱”作为辅助工具，以提高新作品的学习效率，为学习过程带来更多愉快感受的一种方法。目前在幼儿园经常使用的变通总谱有：图形总谱、动作总谱、语音总谱。通俗地讲，这些变通总谱，就是一些更便于幼儿感知、理解和记忆的“符号”体系，如简单的图形结构、动作组合和用嘴巴发出的声音组合等。

（二）“击节奏型指挥法”也是相对从前专业指挥使用的“划拍指挥法”而言的，是一种指挥的“变通”方式。因为幼儿在学习演奏新的作品时，教师使用与幼儿不同的动作节奏“划拍”，容易干扰幼儿再现自己所要演奏的节奏型。所以，他们更需要教师使用与他们的演奏方式相同的动作来指挥。

（三）引导参与创作法，一方面是为了给幼儿提供自由探索和创造性表达的机会；另一方面也是因为幼儿经常有机会被允许和鼓励进行自由探索，能够大大拓展他们的见识，提高幼儿的自信。在即兴的演奏中，经常有机会自由探索和表达的幼儿会因为自信而更放松，可以避免因不必要的紧张而造成的不流畅。在设计性的演奏中，幼儿自己经过认真思考创造出来的演奏方案，也更容易被幼儿认真对待。

二、"先整体后分部"的程序

整体教学法最典型的程序一般被称作"先整体后分部"的程序。这种程序适用于配器结构使各声部之间形成交错进行的关系，整体音响上较为单纯的作品。一般进行步骤如下：

1. 导入，引起兴趣。

2. 欣赏或进行简单的身体节奏活动，初步感知主旋律的情绪、风格和基本拍子。

3. 模仿学习变通总谱或在教师指导下参与创作变通总谱的具体内容（基础较薄弱的班级最好先从模仿开始）。进一步把握作品整体音响的横向（句子和段落之间的）结构和纵向（声部与声部之间、配器与旋律之间的）结构。

4. 在熟练掌握总谱的基础上，进行分声部的徒手练习。练习是所有声部同时进行的。练习时应该重点注意相互倾听、相互配合，以便创造出心目中已经初步建立的整体音响效果。在这一步骤中应该开始学习看教师如何指挥。教师指挥时所做的动作最初应该与幼儿所做的动作完全相同。待熟练后，教师可改用击拍法，但仍然要把要求幼儿演奏的节奏型打出来。

5. 个别幼儿学习指挥，集体练习。教师可鼓励有潜力的幼儿根据自己的情况部分地改变原定的练习方案。（这个程序并非一定要有）

6. 在教师的指挥之下进入实际的多声部乐器合奏练习。

7. 个别幼儿练习指挥，集体练习合奏。教师可鼓励担任指挥的幼儿根据自己的情况部分地改变原定的配器方案。但是，在这一步骤中，由于已经进入多声部的合奏练习，为了减轻大部分幼儿的注意、记忆负担，保持甚至增强演奏的热情，教师必须要在开始演奏之前让全体幼儿对将要发生的改变做好思想准备，注意引导幼儿认真倾听，比较整体音响的情趣发生了什么样的变化。

8. 改进的练习。根据需要将特色乐器逐步加到乐队中去。每次发

生变化后，教师都应引导幼儿倾听、比较并鼓励大年龄的幼儿对这些变化加以描述。（这个程序并非一定要有）

三、“累加”的程序

另一种整体教学法的程序一般被称作“累加”的程序。这种程序适用于各声部都有一定的独立性，或至少有一个声部和其他声部之间没有交错进行关系，整体音响较为复杂的作品。其一般步骤如下。

1. 与“先整体后分部”的程序相同。

2. 模仿学习或创作一个比较有特色的、比较复杂的、比较有独立性的声部，这个声部相当于一件打击乐器或一个打击乐器组“独唱”的声部，并通过这一程序进一步把握作品的横向结构。

3. 在充分熟练地掌握该声部的基础上，再将其他具有伴奏性质的声部用“先整体后分部”的程序学习掌握，最后，再将伴奏声部“累加”到独奏声部上去。在这个步骤中，最初，往往需要有个别幼儿来指挥已经熟悉的独奏声部，教师同时指挥尚不熟悉的伴奏声部。然后再把两个声部分别交给两个幼儿指挥。最后，再由一个幼儿单独指挥伴奏声部，让独奏声部的幼儿完全独立地听音乐演奏。

4. 以后各步骤可参考第一种程序的相应环节。

实际上，在一般的实际教学中，这两种程序经常是混合使用的。

还必须指出的是，对于年龄小、经验少、音乐能力较弱或是最初接触打击乐演奏活动的幼儿来说，模仿学习仍然是比较常用的一种学习方法。但是，创造性学习也必须在一开始就进入，只是在要求的制定、方法的设计、程序的安排等方面要特别谨慎，要以大多数幼儿都能够胜任并能够愉快、积极地参与为设定难度的标准。

四、幼儿园奏乐活动中使用的“变通总谱”

“变通总谱”是针对“通用总谱”也就是我们通常使用的简谱和五线谱来讲的。由于通用总谱的认知方式和过程都比较复杂，所以使用通用总谱，不但不能对幼儿整体感知配器方案的过程有帮助，反而会人为地增加幼儿的认知负担，减少幼儿感知音乐的乐趣。若不用总谱，幼儿在学习中记忆的负担又会太重。“变通总谱”正是为了解决上述矛盾而创造出来的。目前，在幼儿园已经普遍使用的“变通总谱”主要有三类：动作总谱、图形总谱和语音总谱。

动作总谱

(1)“动作总谱”用身体动作表现配器方案。

(2) 身体动作可以表现节奏、音色、速度、力度的变化及结构。

(3) 可用节奏动作、模仿动作、舞蹈动作、滑稽动作来作为创造总谱的材料。

(4) 不宜用笨拙的肢体动作表现比较密集的节奏。

(5) 身体动作不宜太难，要避免动作给幼儿掌握总谱内容造成不必要的困难。

图形总谱

(1)“图形总谱”用形状和色彩表现配器方案。

(2) 形状、色彩可以表现节奏、音色、速度、力度的变化及结构。

(3) 可用几何图形、乐器音色的象征图、乐器形象简图来作乐谱的材料。

(4) 不宜搞成“通用总谱”的图形解释方案，避免复杂化、细致化的设计。

语音总谱

(1)“语音总谱”用嗓音表现配器方案。

(2) 嗓音可以表现节奏、音色、速度、力度的变化及结构。

(3) 可用有意义的字、词、句、象声词、衬词和无意义音节来作乐谱材料。

(4) 尽量注意使创造出的语音总谱有趣、易记、上口。

在真实的教学情境中，尽管各种“变通总谱”都是经常混合应用的，但在过渡到实际的乐器演奏之前，一般都要经过徒手的动作练习阶段。

五、创造性打击乐演奏教学

(一) 从乐器入手的探索活动

幼小儿童天生具有探索周围环境的好奇倾向。因此,适当给幼儿提供自由探索发声物体的机会,有利于保持和发展幼儿的好奇心,也有利于幼儿拓展和提升对声音的各种经验。教师可以具体做如下尝试。

1. 探索同一物体的不同发声方式

(1) 鼓励幼儿努力采用尽可能多的方式去使物体发出声音。

(2) 通过分享经验的活动,鼓励幼儿采用喜欢的方式来展示、描述他们的发现。

(3) 在幼儿展示、描述自己的发现时如果发生某种困难,如:不能再现自己刚做过的探索;光会做,不会用语言描述等,教师应该给予具体的帮助。

(4) 教师给予的语言帮助,可以引导幼儿学习使用客观描述的方法,如(铃鼓):响,弹边上的声音脆,摇它的时候有小镲片发出的声音。也可以引导幼儿学习使用类比描述的方法,如:敲中间的声音像打雷,弹边上的声音像小鸡吃米,摇它的时候像下雨,轻轻摇像下小雨,使劲摇像下大雨……

2. 探索不同的物体

(1) 可以探索乐器。

(2) 可以探索周围环境中的各种物体。

(3) 鼓励幼儿收集各种乐器和乐器的资料,并研究怎样制作自己的乐器。

3. 探索乐器的使用

(1) 引导幼儿将前面探索的相关经验及时应用到日常的节奏朗诵、歌唱、律动表演、舞蹈或带有节律性质的体育游戏中去。

(2) 引导幼儿尝试用一种乐器或几种乐器独立或合作即兴地“描述简单的场景”,或“讲述简单的故事”。

(3) 教师可以提供各种包含乐器表演在内的综合性艺术表演活动的

影像资料，特别是像《破铜烂铁》这样思路广阔、富有创意的作品，以拓展幼儿关于乐器使用的眼界，然后再鼓励幼儿做自己的创意尝试。

（二）从音乐入手的探索活动

乐器演奏活动是一种艺术表现活动，艺术除了要表达一定的思想内容以外，还需要表现人们对艺术形式美的种种认识。在这方面，教师具体可做如下尝试。

1. 探索节奏型

音乐艺术中的节奏型就好像视觉艺术中的图案，简洁可辨的结构单元的严格重复或变化重复，能够形成一个独立作品良好的整体感或统一感。在幼儿具备了最基本的稳定拍子的感觉后，教师就可以尝试下面这两种方法：

（1）组织幼儿做节奏型即兴“创编—模仿”游戏（一人即兴奏出一个节奏短句，另一人或其他人完全模仿）或做节奏型“即兴对话”游戏（一人即兴奏出一个节奏短句，另一人即兴奏出另一个节奏短句，就像相互交谈一样）。

（2）鼓励幼儿创编出最简单的节奏，并将这一节奏作为能够稳定坚持的、不断重复的节奏型，为自己朗诵的儿歌、演唱的歌曲或其他由教师弹奏、播放出的音乐伴奏。

2. 探索乐句和乐段中的节奏型

乐句和乐段是音乐中比较大的结构单位，随着幼儿相关经验的不断增长，教师便可以进行以下的步骤：

（1）通过引导幼儿不断仔细体验现成打击乐器作品的演奏学习，逐步积累节奏型和音色的重复变化与乐句乐段的组织结构相互匹配的感性经验。

（2）通过逐渐引导幼儿为结构比较清晰的歌曲或乐器配器的活动，让幼儿关注乐句乐段组织结构的规律，体验节奏型和音色的重复变化怎样与乐句乐段的组织结构相互匹配。

（3）通过观察幼儿自主自发的乐器演奏活动和教师提供的即兴乐器演奏活动，随时了解幼儿在结构感方面的发展情况，并以幼儿的实际发展为基础，向他们提供能够帮助他们“更上一层楼”的教学设计活动。

3. *从生活意象入手的探索活动*

乐器演奏活动除了要表现人们对艺术形式美的种种认识以外，还需要表达一定的思想内容。而且对于年龄幼小的儿童来说，这种表达与他们的生活经验更接近，表达起来限制会更小，自由度也会更大。在这方面教师可以做以下具体尝试。

（1）提供情节简单的故事（可以直接通过教师的讲述，也可以通过图片、图书或某种实物操作、影像资料播放），鼓励引导幼儿将之转化为由乐器演奏出的“音响故事”。

（2）也可以鼓励引导幼儿为图片、图书、某种实物操作、影像资料播放、哑剧表演加配乐器演奏音响，而成为某种新创作的“配乐故事”。

（3）从一个幼儿独自的单一意象的简单述说开始，逐步发展成多个幼儿合作的多意象的复杂述说。

六、奏乐自学游戏

“乐队”的概念天生就是合作性的。其实，当“小舞台”或“音乐区”给小班幼儿提供了自主学习的机会以后，幼儿就获得了自己探索、发现“乐队”概念的可能。而且，当他们在那些地方自发地探索处理各种人际关系以达成满意合作的可能性，自然地面对各种合作不协调的困难时，“自主小乐队探索活动”也就自然地展开了。在这里我们想要鼓励教师做以下几种尝试。

1. 经常注意观察幼儿在合作过程中会发生哪些矛盾；他们会尝试哪些解决矛盾的策略；如果他们放弃了对矛盾的解决，又是因为什么；他们可能需要什么样的帮助。

2. 在经过认真思考后，教师可以在区角活动的现场自然介入幼儿解决问题的尝试，帮助幼儿反思他们的经验或教训；也可以将共同的问题纳入新的集体教育活动设计方案中。其中与乐器合作演奏有关的矛盾经常是：第一，分工问题；第二，谁的创意应该被集体采纳的问题；第三，集体统一行动中的领导和服从问题；第四，有的教师还尝试鼓励幼儿组成两个或以上的小组，在自创、记录、排练之后，再鼓励幼儿进行小组之间的相互展示、分享、评价和提出改进完善的建议。

总之，我们虽然在"探索性打击乐器演奏教学"方面，已经积累的经验还很有限，但为了使教师更自主、更有创意地教，为了使幼儿更自主、更有创意地学，教师在自己的工作实践中还是不能够轻易放弃这样的探索努力。

第二节　小班活动实例

一、表演游戏《大象和小蚊子》

(故事及最终游戏玩法)一头大象慢吞吞地走进树林，天气真好，大象很快就睡着了。一群小蚊子"嗡嗡嗡"地飞过来，看见了大象的大屁股就"滋"的一声叮了上去！"咂咂咂咂，真香甜啊！"大象的屁股被叮得非常非常痒，就开始用尾巴挠痒痒，"刷刷刷刷"，小蚊子被刷得站不住，只好飞走了。过了一会儿，大象很快又睡着了。小蚊子看见大象睡着了，就又高兴地飞过来叮。大象的屁股痒得实在忍耐不住了，就愤怒地跺了一下脚——"咚"!!!! 这下子，所有的小蚊子们"嗡"的一声都被震昏过去了！

(动作)(大象由教师表演—走出来睡觉)幼儿一开始仅仅坐着并只表现小蚊子的活动：带着嗡嗡声用手臂表现飞翔。发出"滋"声时用手做叮的动作然后造型不动，同时咂嘴若干下；(教师用手臂表现大象尾巴来回甩动，幼儿用手臂表现蚊子飞走；师幼重复前面的动作；最后教师跺脚表示大象生气，幼儿倒在椅子上假装昏倒。

(配器图谱)

大象走(大鼓)—大象睡—蚊子飞(串铃)—蚊子叮大象屁股—大象甩尾巴(洗衣板)—蚊子飞(串铃)—蚊子叮大象屁股—大象跺脚(大鼓)—蚊子落地昏倒

(配器建议)

大象走：大鼓有节奏重击。

大象睡：用嗓音表现打呼噜。

蚊子飞：串铃自由演奏。

蚊子叮大象屁股：用嘴巴自由表现刺进皮肤和吸血的声音。

大象甩尾巴：用木板刮洗衣板。

大象跺脚：大鼓一次。

蚊子落地昏倒：用嗓音自由表现尖叫和昏倒的声音。

教学目标：

1. 跟随教师讲述的故事情节进展进行演奏；从故事情节和奏乐表演的一一对应中初步感知||:AB:||w(尾声)的音乐结构即音乐的终止式。

2. 探索如何能够用串铃演奏出蚊子飞动的嗡嗡声。

3. 尽可能整齐开始和结束，并在教师的启发下投入地体验蚊子和大象的各种有趣互动。

教学准备：

1. 串铃，人手一个。

2. 洗衣板1块。

3. 大鼓1面，另加鼓锤1个。

4. 表现故事内容的系列图片若干。

教学过程：

1. 教师边出示图片边讲述故事。

2. 教师用边讲解边示范边带领幼儿游戏的方法向幼儿介绍表演的流程。2～3次。

（注意：幼儿不能下位走动。）

3. 教师和配班教师合作边奏乐边表演大象，邀请幼儿使用串铃表演小蚊子。2～3次。

（注意：幼儿不能下位走动。）

4. 教师和配班教师合作边奏乐边表演大象，邀请幼儿使用串铃表演小蚊子。小蚊子可以下位飞舞，表示叮大象的时候不能够真的碰到大象的身体。大象跺脚后蚊子必须飞回座位，在座位上表示昏倒。2～3 次。每次游戏，大象可以不定次数地反复重新睡觉。

5. 在教师指导下将串铃安放进整理箱。

二、音色探究游戏《小猴吃栗子》

（故事及最终游戏玩法）秋天，树林里到处都是树上掉下来的栗子，一群小猴子走进了树林，想要吃栗子，可是栗子外面的壳很硬，小猴子们用更硬的树棍砸栗子，“邦邦邦”栗子壳终于砸开了！栗子肉真好吃！但是吃得太多了，小猴子们都吃吐了！

［音乐］

切分的时钟

1=C 2/4 ［美］ 安德森曲

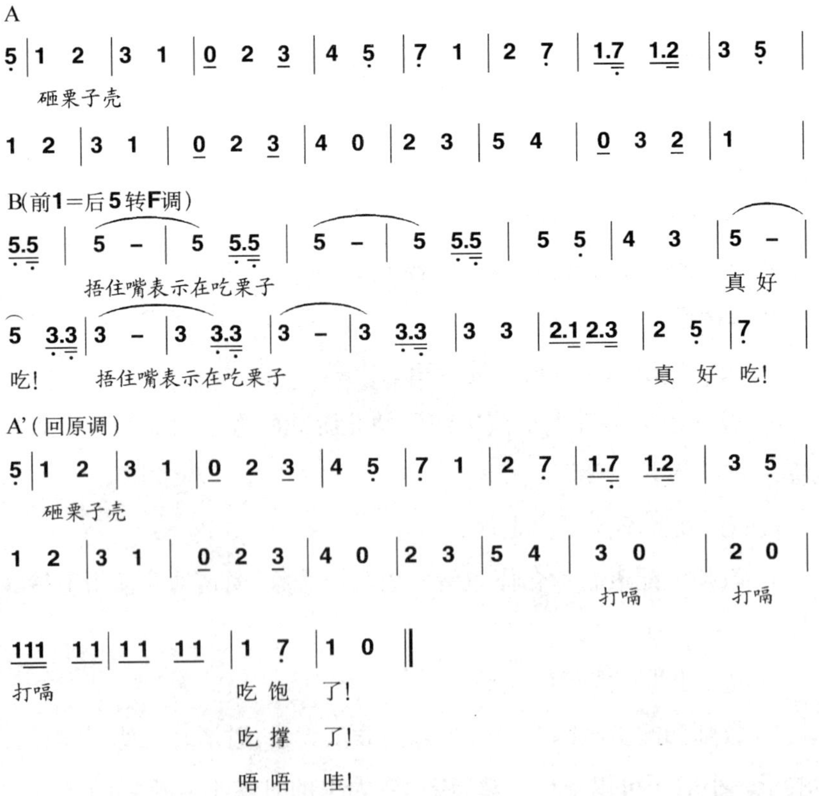

教学目标：

1. 用两拍一次的均匀节奏做动作和敲击节奏棒，尽可能跟教师一起喊最后一个“哇”字。从故事情节和奏乐表演的一一对应中初步感知ABA’的音乐结构及音乐的终止式。

2. 在教师的鼓励和带领下用节奏棒探索不同的物体，感知它们发出的不同声音。

3. 在教师的启发下用有控制的力度探索物体，尽量不使它们发出刺耳的声音。

教学准备：

1. 每人一个节奏棒或其他适宜幼儿抓握的棍棒。

2. 包装纸箱、垃圾桶(干净)、轮胎、中性积木等不同物体分类集中摆放。

教学过程：

1. 幼儿坐成半圆形。教师讲述故事，启发幼儿创编并表演相应动作(主要关注敲击的动作)。

2. 教师带领幼儿完整跟随音乐做相应表演动作，每次可以鼓励幼儿探索敲击不同的身体部位。2～3次。

(注意：幼儿不能下位走动，最后只说“吃饱了”便可。)

3. 发放节奏棒代表更硬的树棍，引导幼儿探索敲击椅子和地面，然后完整随乐表演。2～3次。

(注意：幼儿可以下位，就近敲击椅子或地面，但不能够走动；捂嘴巴的动作可以引导幼儿创编成自由吃栗子的表演动作；最后只说“吃饱了”便可。)

4. 教师带领幼儿下位探索环境中的各种事先安排的不同物体，然后完整随乐表演。2～3次。

(注意：幼儿可以下位，就近敲击椅子或地面，但不能够走动；最后可从说“吃撑了”开始，直至说“唔、唔、哇！”。)

5. 最后教师询问幼儿是否有吃吐过的经验，捎带进行相关教育即可。

6. 将节奏棒安放进整理箱。

三、音色探究—点兵点将—猜谜游戏《魔法时刻》

（故事及最终游戏玩法）小朋友来到魔法师的博物馆，魔法奶奶教小朋友从魔法箱中变出可爱的玩具：一边念咒语一边用乐器给咒语伴奏。我们想不想一起来玩施魔法变玩具的游戏呢？那么我们就先来学念咒语吧！

教师用“点兵点将”游戏轮流选择个别幼儿独立念诵咒语做魔法动作，然后从魔法箱中摸取玩具，再仔细安放在教师事先安排的展台上。

［音乐］

森林狂想曲

1=F　2/4　　　　　　　　　　　　　　　　　　　吴金黛　曲

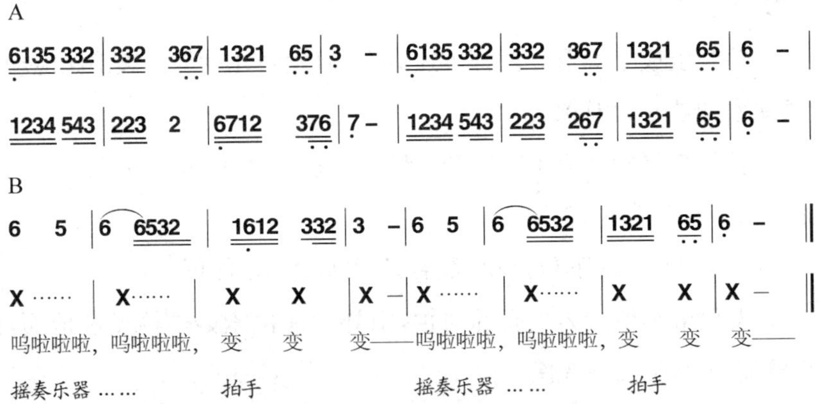

教学目标：

1. 用一拍一次的均匀节奏做动作和演奏，探索如何使用适合的乐器演奏出×……｜×……｜×　×｜×　—｜的节奏。尽可能跟教师一起念咒语：“呜啦啦啦，呜啦啦啦，变变变——”。从故事情节、儿歌念诵和奏乐表演的一一对应中初步感知 AB 的音乐结构。

2. 在教师的鼓励和带领下，探索选择既可以击响又可以摇响的乐器。

3. 在教师的鼓励下尝试独立念咒语和演奏，知道并且能够做到摸出的玩具要摆放整齐和安放归位。

教学准备：

1. 各种乐器分类摆放在不同的地方(桌面上或比较大的容器里)。乐器里面应该包含仅仅只能击响的乐器和既能击响又能摇响的乐器(但乐器的大小和形状应该便于小班幼儿抓握和演奏。如:串铃或小号串铃棒)。

2. “魔法箱”一个,最好能够再有一顶类似魔法师戴的大黑帽子。

教学过程：

1. 幼儿坐成半圆形。教师讲述故事,然后假装参观博物馆带领幼儿去各处探索乐器,重点探索哪些乐器既可以击响又可以摇响。

2. 启发幼儿在 a 段音乐时一拍一拍地拍击身体的某个部位表示在参观魔法师的博物馆;在 b 段音乐时模仿教师的动作和咒语。

3. 教师带领幼儿完整跟随音乐做相应表演动作。每次可以鼓励幼儿探索敲击身体的不同部位。2～3 次。

(注意:幼儿不能下位走动;最后还需要跟随教师说“呜啦啦啦,呜啦啦啦,变变变——”。)

4. 在教师的鼓励下,幼儿各自前往选择既可以击响又可以摇响的乐器。在教师的带领下完整随乐表演。2～3 次。

(注意:幼儿不能下位走动;最后还需要跟随教师说“呜啦啦啦,呜啦啦啦,变变变——”。)

5. 教师拿出魔法箱,在 a 段音乐幼儿一拍一拍演奏时用“点兵点将”的游戏方法最终选择两个也可以是一个幼儿,被邀请到的幼儿独立或在教师的帮助下念咒语并演奏,然后获得权利从魔法箱中摸出玩具。最后请该幼儿将玩具端正摆放在前方教师事先安排的展台上(可以是一些多余的小椅子)。2～3 次。

(注意:教师在魔法箱中每次只能放进一个玩具。)

6. 教师拿出魔法帽,在 a 段音乐幼儿一拍一拍演奏时,教师带领一个幼儿自愿者用“点兵点将”的游戏方法最终选择一个幼儿,被邀请到的幼儿独立或在教师的帮助下念咒语并演奏,然后获得权利从魔法帽中摸出玩具。最后请该幼儿将玩具端正摆放在前方教师事先安排的展台上。2～3 次。

（注意：教师在魔法箱中每次只能放进一个玩具。）

7. 最后教师启发幼儿感谢魔法师，检查博物馆是否整洁，玩具、乐器是否安放进了教师提供的玩具箱和整理箱，还不要忘记与魔法师再见。

第三节　中班活动实例

一、抢椅子即领袖模仿游戏《加油！加油！》

（最终游戏玩法）音乐 A 段开始，大家围着摆成圆圈的椅子外围边小跑步边拍手；音乐出现 B 段长音时，玩“抢椅子”游戏，坐下来的人拿起椅子上的乐器在 C 段呼喊的部分一拍一拍地演奏；没有抢到椅子的人站着做自己的简单上肢创编动作（领袖动作）；A 段音乐重新开始时，大家将小跑步时的上肢动作换成前面没有抢到椅子的“领袖”创编的特定上肢动作。

［音乐］

库乞乞

1＝C　2/4　　　　外国民间舞蹈音乐

(1 – | 2 – | 3 – |)

A

5.5 6.6 | 5.5 i76 | 5.5 432 | 3 – | 5.5 6.6 | 5.5 i76 | 5.3 2.2 | i – |

5.5 6.6 | 5.5 i76 | 5.5 432 | 3 – | 5.5 6.6 | 5.5 i76 | 5.3 2.2 | 1 – |

B

5 – | #5 – | 6 – | 7 – | 5 – | #5 – | 6 – | 7 – |

C

x x | xx x | x x | xx x ‖

ku ku　kuqi qi　ku ku　kuqi qi

（音乐结构分析以及配器参考建议）

音乐可以分成 3 个相对独立的部分。a 部分 4 个乐句，情绪轻快活泼；b 部分 2 个乐句，情绪热烈紧张；c 部分 2 个乐句，情绪兴奋高昂。

可以提供任何适合幼儿抓握和演奏的乐器，真正需要演奏的仅仅是 c 部分。

教学目标：

1. 跟随音乐的节奏、结构基本正确和谐地做表演动作和演奏；从儿歌念诵、节奏动作创编和奏乐表演的一一对应中初步感知‖:AB:‖的音乐结构。

2. 利用教师提供的线索快速创编简单的能够配合小跑步的上肢动作；在游戏中探索如何能够快速拿起、演奏和放下乐器。

3. 注意力集中，紧张快乐，反应快速。没抢到椅子就立即创编新动作，抢到椅子就立即奏乐，同时还要观察和记住领袖创编的新上肢动作，并在再现 a 段的时候准确再现出该动作。

教学准备：

各种适合中班幼儿拿、放和演奏的乐器人手一件。

教学过程：

1. 全体幼儿围坐成一个圆圈。教师引导幼儿创编一个表示加油的动作。

2. 教师带领幼儿完整跟随音乐模仿练习上肢律动组合动作（a 段：拍腿；b 段：双手高举，快速里外拧动手腕；c 段：一拍一拍做大家创编出的某个特定的加油动作）。2～3 次。

（注意：必须做到比较熟练。）

3. 教师邀请幼儿自愿者用一个自己的上肢动作替换掉拍腿的动作。2～3 种意见尝试，共 2～3 次。

（注意：不要做太困难的动作，刚开始只需要用上肢摆出兔子或青蛙的姿势就可以了。当然，别的类似难度的动作也可以。教师引导幼儿扩散的思路可以是：早操或舞蹈动作，动物模仿动作，生活模仿动作，劳动或职业模仿动作等。）

4. 全体幼儿起立，围着椅子圆圈外围跑圈。在a段拍腿音乐处做小跑步；在b段做双手快速里外拧动手腕动作时，迅速找到一 把椅子坐下；在c段坐在椅子上做加油动作。1～2次。

5. 拿走一把椅子，变成“抢椅子”游戏，没有抢到椅子的幼儿创编一个新的上肢动作。当游戏重新开始时全体幼儿边走边做该上肢动作。2～3次。

（注意：一开始每遍音乐结束后可以暂停，直到领袖自己能够想出新动作，大家也能够有意识了解和记忆新动作后，再连续不间断地重复游戏。）

6. 将乐器放在椅子上，抢到椅子的人坐下后需要按照加油动作的节奏演奏乐器。重新站起来走之前，需要把乐器放回椅子上面。其他规则同上。2～3次。

（注意：必须做到在徒手游戏已经比较熟练之后，再进行使用乐器的游戏。因此，在一般条件下，教师都会把该环节安排在第二课时进行。）

7. 在教师的指导下将乐器分类安放进整理箱，并在教师指导下由值日生归还到指定地点。

（注意：此活动更适合在中班下学期进行。）

二、玩队形及创意造型游戏《调皮的鼓》

（最终游戏玩法）全体幼儿围成双圈站立，内圈幼儿的角色是小鼓，外圈幼儿的角色是鼓手。a段音乐开始时，鼓手围站成圆圈原地踏步走，小鼓在外围逆时针行走，每8小节为一个单位，在倒数第4拍小鼓与鼓手相互说“嗨”。b段音乐前2小节小鼓先做创意身体造型，后2小节鼓手敲击小鼓，每拍一次，共3次。此模式共重复3遍。最后一个乐句，全体一起说“小手藏起来，咕噜咕噜啪！”同时做相应动作，说“啪”的时候鼓手和小鼓双手对拍。从头反复……

［音乐］

欢 沁

1=F 2/4 林 海 曲

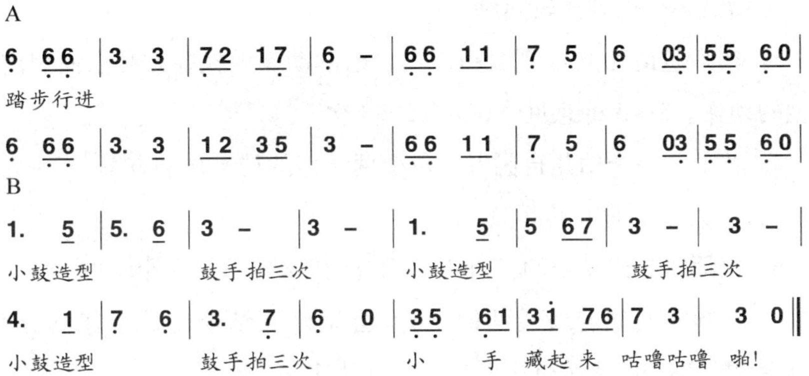

（音乐结构分析以及配器参考建议）

音乐可以分成 2 个相对独立的部分。a 部分 4 个乐句（一般可以重复一遍），情绪轻快活泼；b 部分 4 个乐句，情绪稍稍舒展。

铃鼓：真正需要演奏的仅仅是 b 部分。

教学目标：

1. 跟随音乐的节奏、结构基本正确和谐地演奏；从儿歌念诵、节奏动作创编和奏乐表演的一一对应中初步感知‖:AB:‖的音乐结构以及音乐的终止式。

2. 扮演小鼓时需快速变换身体的造型，还要保证自己的造型方便鼓手演奏。

3. 注意力集中，整齐开始和结束；小鼓需快速判断“敲鼓”的位置；鼓手需要探究怎样既能拍击出和谐动听的声音，又不会让对方感到不舒适；双方应尽可能注视对方的眼睛，并与之进行愉快的交流。

教学准备：

全部都用铃鼓，人手一件。

教学过程：

1. 全体幼儿围坐成一个圆圈。

2. 教师带领幼儿完整跟随音乐模仿练习上肢律动组合(a 段:拍腿;b 段前 12 小节:先造型后拍手;b 段最后 4 小节:结束动作)动作。2～3 次。

(注意:必须做到比较熟练。)

3. 教师邀请幼儿自愿者用一个自己的动作替换掉教师前面规定的造型的动作。2～3 种意见尝试,共 2～3 次。

4. 教师和一个幼儿自愿者示范两两结伴的徒手律动方案。(一人先造型,另一人拍击对方的手。)

5. 教师请 2 或 4 个幼儿自愿者示范两两结伴的徒手律动方案。

6. 在圆圈上坐着就近两两结伴,尝试两两结伴的徒手律动方案。(先自由决定角色,然后交换角色。)一共 4 次。

(注意:被拍的一方需要努力让自己手的造型方便对方拍。)

7. 站起来(各自将自己的小椅子摆放到不妨碍活动处)形成内外双圆圈,内外圈两两结伴,拍腿的地方改成原地踏步。然后内圈的人造型,外圈的人拍击。动作同上,鼓励变换姿态和身体的高低水平。完整游戏后可以内外圈交换一次。共 2～4 次。

8. 拍腿的地方改成:外圈的人逆时针方向向每个物前移动一个位置(换了一个朋友),其余同上。完整游戏后可以内外圈交换一次。共 2～4 次。

9. 内圈的人全部每人手持铃鼓,外圈的人需要拍击到乐器能够发出声音。其余同上。完整游戏后可以内外圈交换一次。2～4 次。

(注意:必须做到在徒手游戏已经比较熟练之后再进行使用乐器的游戏。因此在一般条件下,教师都会把该环节安排在第二课时进行。)

10. 将乐器安放进整理箱,并在教师指导下由值日生归还到指定地点。

三、结伴表演游戏《大象和小蚊子》

(故事及最终游戏玩法)a 段音乐:一头大象慢吞吞地走进树林。天气真好，大象很快就睡着了。b段音乐：一群小蚊子飞来了。c段音乐：小蚊子看见了大象的大屁股就高兴地相互唱着说：看见了，叮——！看见了，叮——！再现a段音乐：大象的屁股被叮得非常非常痒，就开始用尾巴来挠痒痒，“刷刷刷刷”，小蚊子被弄得站不住，只好飞走了，大象很快又睡着了。再现b段和c段音乐：小蚊子看见大象睡着了，就又飞来，并高兴地相互唱着说：看见了叮！看见了叮！d段音乐：大象的屁股痒得实在忍耐不住了，就愤怒地跺着脚说：我生气了！我踩我踩我踩我踩！咚！！！！这下子，小蚊子们全都被震得昏过去了！

［音乐、动作及配器总谱］

冰 狗

1＝C 2/4 外国民间舞蹈音乐

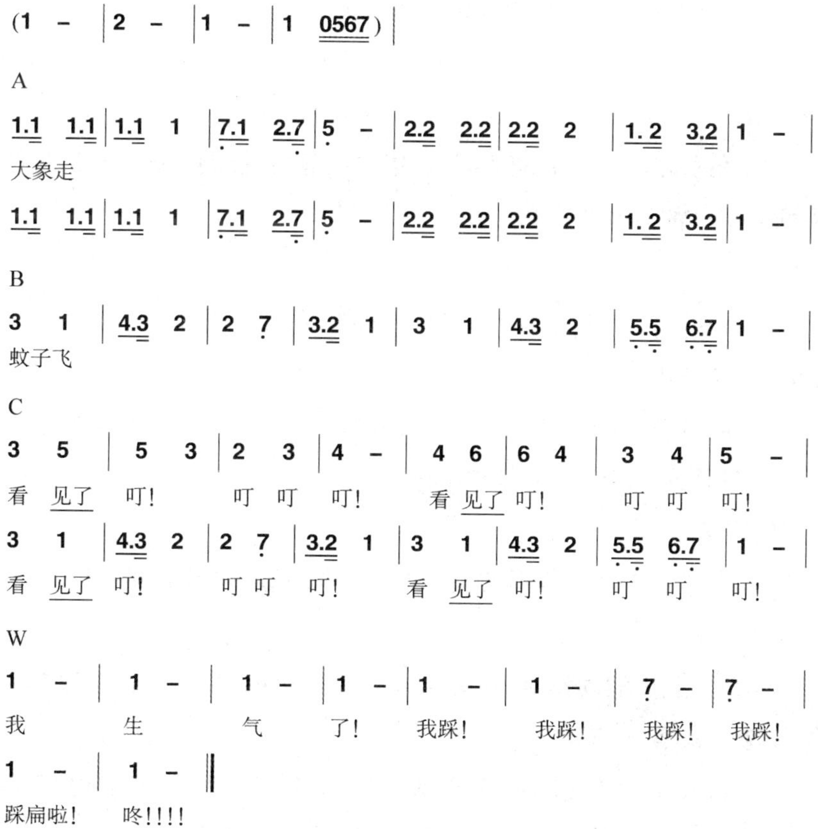

（音乐结构及配器建议）

||：ABC：||w

表现大象的部分：建议使用铃鼓击奏和摇奏；

表现蚊子飞翔的部分：建议使用串铃；

表现蚊子叮咬的部分：建议使用碰铃；

（建议：最终表演蚊子的幼儿可以将串铃套在手腕上，手持碰铃敲击。）

表现大象愤怒的尾声：建议全体乐器齐奏加用大鼓和吊钹。

教学目标：

1. 进一步熟练语音和动作总谱的表现；跟随音乐的节奏和结构基本正确地轮流演奏，从儿歌念诵、节奏动作创编和奏乐表演的一一对应中初步感知||：ABC：||W 的音乐结构及终止式。

2. 尝试在奏乐的同时自由使用与故事情境和音乐结构相匹配的角色表演动作进行表演。

3. 在角色之间配合表演的同时，集中注意力，控制过度兴奋的情绪，努力配合集体的演奏速度和力度。

教学准备：

1. 第一课时已经初步掌握故事以及语音和动作总谱。

2. 录音音乐。

3. 铃鼓、碰铃和串铃数量基本相同，每个幼儿有一件前述乐器。

4. 蛙鸣筒或搓衣板，大鼓和吊钹。

教学过程：

1. 幼儿坐在围成马蹄形的座位上，复习语音与动作总谱。根据幼儿的熟练情况练习 1～2 次。

2. 教师用“表演动作”指挥幼儿分成两种角色（声部）合作完成表演动作总谱。练习 1～2 次。

3. 教师邀请幼儿自愿者尝试“表演动作指挥”幼儿分成两种角色（声部）合作完成表演动作总谱。练习 2～3 次。

4. 教师邀请幼儿分成两种角色(声部),起立下位,在走动中合作完成动作表演。练习2～3次。

5. 教师邀请幼儿分成两种角色(声部)。扮演大象的幼儿拿铃鼓,扮演小蚊子的幼儿拿碰铃和串铃。大象先下位表演第一部分;小蚊子下位表演第二部分的时候,大象静止做睡觉造型不动;第三部分每个小蚊子自由找到任意大象互动,互动直至表演结束。2次。

6. 教师邀请幼儿讨论新乐器的加入办法。然后由自愿者演奏蛙鸣筒(大象用尾巴和耳朵赶蚊子)、大鼓和吊钹(大象生气跺脚踩蚊子),为集体的奏乐表演加入专门的伴奏。2次。

7. 将乐器安放进整理箱,并在教师指导下由值日生归还到指定地点。

第四节 大班活动实例

一、音响探索以及结伴即兴配和游戏《吹气球》

教学目标:

1. 尝试使用语音、动作、乐器以及自制乐器来表现气球被一下一下慢慢吹大和慢慢放气、瞬间放气三种情境;感知和表现音乐的ABW结构。

2. 仔细观察气球被吹大和两种不同速度放气时气球的表现,尝试自由地进行表现。

3. 两两结伴配合表演时,集中注意力,伴奏或伴舞的一方努力配合主动用乐器或动作进行表演指挥的一方;表演指挥的一方也需关注配合伴奏或伴舞的一方是否能够理解和即时表达自己的意思。

教学准备:

1. 课前鼓励幼儿回家搜集各种废旧物品,然后进行分类游戏,将相同、类似和不同的材料分别用周转筐摆放好备用。

2. 新的气球若干，最好事先试吹一下，使之稍稍松软。

3. 铃鼓、碰铃、串铃、响板等乐器若干，至少保证每个幼儿有一件乐器。

4. 教师最好能够穿一件大号针织衣。

教学过程：

1. 教师吹真的气球，用两种不同速度放气，邀请幼儿观察，然后鼓励幼儿用语音和动作对观察结果进行表现。

2. 教师和配班教师分角色表演吹气球的人和气球。

（注意：教师可以利用大号针织衣来增强气球由小变大再由大变小的效果。）

3. 教师邀请幼儿自愿者和自己配合表演。2～3 人。

4. 配班教师扮演吹气球的人，使用乐器指挥教师扮演的气球表演。

5. 两位教师与两个幼儿自愿者合作表演。

6. 幼儿分成两种角色用"表演动作指挥"（声部）合作完成表演动作总谱。练习 1～2 次。

（注意：教师可以先规定由奏乐者指挥表演者。）

7. 讨论：怎样才能在最后气球没有气的那一瞬间将动作和声音配合准确。

8. 邀请一对幼儿自愿者进行配合尝试。1～2 次。

9. 全体幼儿两两结伴自由选择废旧物品自制乐器进行表演。1～2 次。

（注意：教师可以先规定由奏乐者指挥表演者，以后可以鼓励幼儿自由选择主动和被动配合的角色和分工，还可以进一步讨论尝试效果更好的乐器制作和演奏方法。）

二、音色听辨游戏《老虎逗猫》

（故事及最终游戏玩法）a 段音乐：三只小猫遇见了大老虎，告诉老虎说：因为我们比你聪明，所以个头才比你小！不信？我们可以教你怎样把耳朵训练得更加灵敏！b 段音乐：于是，老虎的眼睛就被蒙上。它如果不能够听出到底是哪种颜色的小猫在叫，就必须向小猫磕头拜师。再现a段音乐：根据听辨结果决定：若猜错，扮演老虎者就磕头；若猜对，大家就一起称赞：棒棒棒！

（音乐结构及配器建议）

A—B—A 尾声

a段音乐：全体乐器一拍一次轻轻击奏。

b段音乐：练习演奏的时候，由教师即兴指挥轮流演奏；游戏的时候，由教师向幼儿即兴出示白黄黑的小猫图片，被出示图片的小猫组单独或合作演奏。

再现a段音乐：全体乐器休止。（让游戏中扮演老虎者说出前面演奏的是哪个乐器组。）

尾声：根据游戏结果做表演。

［音乐］

金蛇狂舞

1=C 2/4 聂 耳 曲

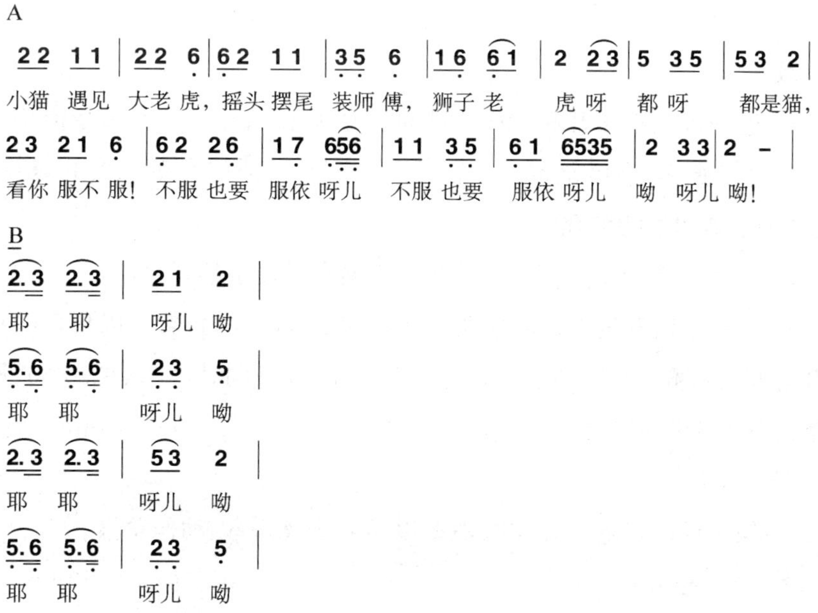

教学目标：

1. 进一步熟悉语音和动作总谱的表现；跟随音乐的节奏和结构基本正确地轮流演奏；感知和表现 b 音乐段上下句对话越来越急促的“螺丝结顶”音乐结构的特殊趣味。

2. 担任老虎的幼儿努力尝试听辨出演奏乐器组的音色。

3. 担任不同颜色小猫的幼儿在演唱和演奏的同时，努力以角色的身份和态度来体验和享受小猫逗老虎的趣味和快乐。同时，集中注意力，控制过度兴奋的情绪，配合集体的演奏速度和力度，不使乐器发出不和谐的声音。

教学准备：

1. 第一课时已经初步掌握故事以及歌曲及语音、动作总谱。

2. 录音音乐。

3. 碰铃、串铃和迷你小钹数量基本相同，每个幼儿有一件前述乐器。

教学过程：

1. 幼儿坐在围成马蹄形的座位上，复习歌曲、语音与动作总谱。根据幼儿的熟练情况练习 1～2 次。

2. 幼儿分成三个声部（小白、小黄、小黑猫），在教师的动作指挥下合作完成表演动作总谱。练习 1～2 次。

3. 幼儿分成三个声部（小白、小黄、小黑猫），在教师的动作指挥下合作完成分声部合作演奏。练习 1～2 次。

4. 邀请幼儿自愿者轮流扮演老虎，开始进行音色猜测游戏。

（注意：难度层次应该由单一乐器音色听辨开始；到两种声色明显不同的乐器听辨；再到两种声色近似的乐器听辨；再到三种乐器音色听辨。不一定所有难度要都尝试，应该根据幼儿的实际能力来渐进。开始由教师使用图片来指挥，有条件的时候，也可以尝试让幼儿自愿者使用图片来指挥。）

5. 自主收拾场地，安放和归还乐器。

三、猜谜一快反游戏《老鼠娶亲》

（故事及最终游戏玩法）a 段音乐两拍一次地演奏：老鼠们终于找到了失踪的新娘！b 段音乐不演奏只是专心表演：老鼠新郎请求盖头下面的新娘伸出爪子和尾巴给自己看一看。尾声，奏出连续震奏并渐强的声音：老鼠们和新郎紧张地等待最后掀开盖头的结果——到底盖头下面是不是自己的新娘呢？

［音乐］

瑞典狂想曲

1=C 2/4 ［瑞典］ 雨果·阿尔金 曲

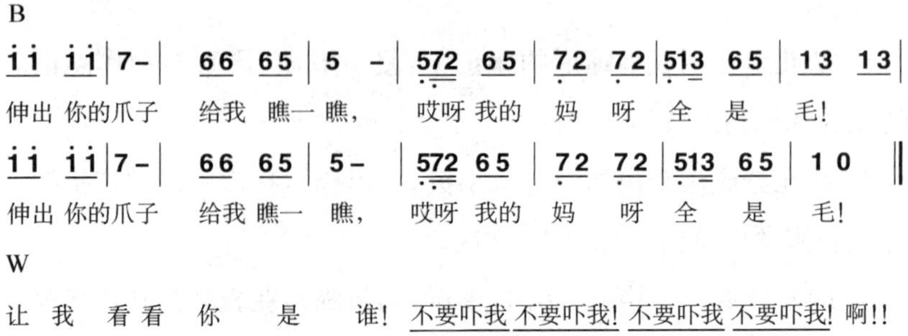

教学目标：

1. 进一步熟练地跟随音乐念儿歌和做表演动作；跟随音乐的节奏和结构基本正确地演奏；感知和表现音乐 a 段从容，b 段两大句前松后紧；尾声越来越急促、越来越强烈的音响造成的越来越紧张的气氛。

2. 尝试在尾声紧张的部分用各种乐器奏出连续震奏并渐强的声音。

3. 游戏的时候努力克制过度兴奋的情绪和演奏念白的速度。一定要在“新娘”扮演者发出猫叫声之后才能逃跑。

教学准备：

1. 第一课时已经初步熟悉故事、儿歌及表演动作。

2. 录音音乐。

3. 铃鼓、碰铃和响板数量基本相同，每个幼儿有一件前述乐器。

4. 事先将四个鞋盒子竖起来固定在小椅子上，其中两个盒子里面可以安放用红布包起来的玩具老鼠，另外两个盒子里面可以是空的。

5. 四个红布盖头。

教学过程：

1. 幼儿坐在围成马蹄形的座位上，分成三个声部，乐器分放在椅子底下。在教师的带领下随乐复习儿歌语音与表演动作。根据幼儿的熟练情况练习1～2 次。

2. 教师邀请幼儿拿出乐器探索怎样才能够奏出连续震奏并渐强的声音。

3. 教师即兴指挥幼儿分成三个声部合作完成演奏。练习 3 次。每次结束之前，教师在尾声处做“点兵点将”游戏决定哪个男性幼儿在结束演奏后前往事先安排好的椅子处，自选一个盒子打开盒盖，看看里面究竟有无老鼠新娘。

4. 教师即兴指挥幼儿分成三个声部合作完成演奏。每次结束之前，教师在尾声处做“点兵点将”游戏决定哪个男性幼儿在结束演奏后前往事先安排好的椅子处，四个女性幼儿头盖着盖头坐在椅子上，男幼儿自选一个女幼儿掀开盖头，看看她究竟是不是老鼠新娘（老鼠新娘可戴面具，不戴面具的不是老鼠新娘）。玩2次。

5. 教师指挥幼儿全体在a段齐奏，并同时假装迎亲行走，最后大家都围在坐在前面椅子上的3～4个女性幼儿扮演的“新娘”前面。游戏规则：教师在尾声处做“点兵点将”游戏决定哪个男性幼儿在结束演奏后选择一个“新娘”去掀盖头。盖头掀开后，如果“新娘”叫“吱吱”，大家就用轿子（两个幼儿一前一后把新娘围在中间一起走）把新娘带回家；如果“新娘”叫“喵——”，大家就必须快速“逃”回家。玩2次。

6. 自主收拾场地，安放和归还乐器。

练习题与常见问题提示

一、练习题

1. 尝试实践本章提供的所有活动范例。

2. 尝试使用本章提供的传统游戏规则嵌入新选择的音乐材料，设计类似的活动。

二、常见问题提示

1. 一般最常见的问题是教师使用学校习得的专业指挥手势进行指挥。这种指挥往往反而容易干扰幼儿演奏的节奏型。因此，教师在指挥奏乐的时候，需要进行变通，即可以使用指挥动作或使用乐器演奏模仿动作进行指挥，但新授或更多时候还需要使用与被指挥幼儿完全相同的节奏型，而不要使用划出节拍的方法。

2. 教师自己配器或引导幼儿进行配器的时候，一般都不注意使用休止的手法，而是往往把所有的曲调都配满。其实，有虚有实才能够变幻出更丰富的听觉效果，而且也能够让幼儿不至于过度紧张和疲劳。

3. 无论上日常课还是公开课，教师都必须注意把演奏场所的准备工作和善后工作当作对幼儿进行有序生活习惯和责任感培养的重要机会。凡是幼儿能够做的事情要让他们自己做，凡是幼儿能够学会自己做的事情要教他们学习自己来做。这才是真正践行了“通过音乐的教育力量”努力倡导的教育原则。

附　教师培训课程与教材建议

一、教师培训具体工作流程

游戏化教学活动设计指南的工作流程曾经被原创团队戏称为“傻瓜流程”。流程遵循的是学习心理学的一系列基本原则。无论是在幼儿园为幼儿设计集体音乐教学活动，还是在幼儿园教师培训课程中为教师设计学习这一教学模型的集体教材活动。总的原则、流程、方法都是一样的。下面简介教师培训的循序渐进流程：

1. 在培训者引导下大组集体模仿经典活动案例中的随乐动作；

2. 在培训者引导下大组集体局部替换原随乐动作；

3. 在培训者引导下大组集体整体替换动作；

4. 小组集体独立在结构框架图指导下整体替换动作；

5. 音乐不变，在培训者引导下大组集体整体替换故事、创编动作；

6. 音乐不变，小组集体独立在结构框架图的指导下整体替换故事、创编动作；

7. 培训者提供结构类似的新音乐（大组—小组—独立）；

8. 培训者提供结构不太相似的新音乐（大组—小组—独立）；

9. 学习者自己选择、推荐音乐，自己创造新表演游戏（大组—小组—独立）。

二、培训课程

1. 教师培训按照 3 天一期，一般可以划分为：初级、中级、高级、研究级四个阶段。

2. 初级仅仅学习“总流”，顺便粗浅涉及“空流”、“合流”、“拆分流”。完成比较简单的至少10个典型案例录像设计流程的比较严格的模仿执教练习。

3. 中级重点学习掌握“空流”、“合流”、“拆分流”，顺便粗浅涉及“动作流”。完成比较复杂的至少10个典型案例录像设计流程的比较严格的模仿执教练习。在这期间，鼓励对他人典型案例中部分环节进行调整，同时更鼓励在对调整案例执教后进行质量评估和原因反思。

4. 高级重点学习掌握“动作流”，初步学习“构控流”。

5. 研究级全面提升前面所学习的内容，重点进行：自选、自荐音乐，自己小组创造新表演游戏以及大组交流讨论的学习活动，以便能够进一步升华前面的经验，达到基本能够独立进行设计实施。

6. 以上全部学习如果能够在团队支持的情况下进行，个人能够在团队的相互扶持、启发下进行思考和反思，学习效果会更好。

三、培训教材基本内容层级

1. 推荐3～10个经典教学方案全部信息——供学员克隆和归纳。

2. 推荐3～10个经典教学方案局部信息——供学员创造性填充。

3. 推荐3～10个音乐作品即游戏类型实例——供学员设计教学方案参考。

4. 推荐3～10个绘本故事——供学员去寻找、选择、改编、创编音乐活动参考。

备注：从事培训的单位和人员自己必须首先接受相关培训，并提供培训教材和教学辅助材料。

练习题与常见问题提示

一、练习题

1. 反复独立阅读理解文本内容，将自己的问题记录下来。

2. 和学习团队同伴一起交流，共同解决阅读理解的疑问。

3. 将习得的知识立刻应用到自己的实际教学设计和实施当中。

4. 独立并力争有机会利用团队进行反思。

备注：

上述内容，不要一次学习，最好分开，一段时间重点学习一个内容。并且，学习一个，实践应用一个，初步掌握一个，再进行下一个。全部学习完毕，再从头重新学习，一定会有全新收获！

二、初学者常见问题提示

我们在各种机会的教师培训中发现，阻碍初学者快速提高教学水平的典型观念问题常常有如下几种：

1. 急功近利，浅尝辄止

许多初学者刚刚才接触这个体系，就希望立刻就能够创新、获奖、成为新秀或提升职称、地位。实际上，"冰冻三尺，非一日之寒"，任何的成就都是长期艰苦努力的结果。我们的经验是：凡是一心打算"放卫星"、"一鸣惊人"的人，没有平常心，没有长性，终究不会获得实质性的进步。十年一过回头再看，许多当初所谓很被"看好"的人大多平庸无为，反而是那些当年被认为"不怎么样"的同学、同事似乎是一夜之间变得"辉煌灿烂"了。但是，不要忽视另外一个事实，那可是"十年磨一剑"的结果啊！

2. 不求甚解，疏于反思

许多人抱怨说："我也一直努力没有放弃，但为什么我的进步就没有人家快呢？"这里面有另外一个问题，就是习惯于"粗放型的学习"。好的学习者是非常擅长于反思的。这也是我们在本书中反复强调要对幼儿进行培养的主要品质。但是，习惯于不求甚解、粗心大意的学习者往往很少在发现"不对头"的时候，会去问自己或他人："到底是我没有理解这些原理、掌握这些技术的细节，还是这些原理、技术细节本身有什么问题？"因为除了这些原理以外，技术本身一定还有着巨大的发展空间，它们应用的具体条件之间的"天时、地利、人和"的相互作用也是需要仔细考虑的。更何况，这些粗放型的学习者往往连最基本的一些教学原则和技术也没有好好学习和使用。所以人人都认可“赢在细节”是十分有道理的。

3. 闭门造车，孤军奋战

还有一些学习者的问题更多的是在于不大善于利用合作学习或团队学习的力量。要知道，一个人的力量永远是非常有限的。再高明的人也离不开其他人智慧的滋养。更何况，高明人的高明之处，原本就是众人智慧滋养出来的。

因此，还需再次记忆起这个公式：

$$\frac{\text{实践}+\text{反思}}{\text{团队支持}}$$

后　记

撰写本书的过程实际上也是和一线老师共同探索不断创新的过程，因此总体框架和许多内容，写着写着就觉得又必须重新调整了。作品永远只能是个遗憾的东西；更好的东西，也永远都会在你的前面。

在最终截稿的日子里，还是首先要衷心感谢我们的团队。没有这个团队，没有团队中这么多优秀的一线老师的实践探索，就绝不可能有这些有趣又有效的教学设计实施策略的诞生！

特别衷心感谢提供本书教学设计方案或思路的：

南京市第一幼儿园

游府西街幼儿园

北京东路小学附属幼儿园

南京师范大学附属幼儿园

南京军区联勤部三八保育院

南京市第二幼儿园

然后，同样需要衷心感谢的是我所执教大学的学生们，特别是硕士和博士研究生们。没有学生们的质疑、提示、研究和实践，也不可能有这么多可爱思路的诞生！

最后，还需要衷心感谢我的老师们：没有你们当年孜孜不倦的教诲，就没有我个人今天的成长，也就不会有这本书的最终诞生！

（本书中部分曲谱的相关作者无法取得联系，希望您们找到我们，我社将对于引用作品付出酬谢。）

图书在版编目(CIP)数据

幼儿园音乐教学游戏化设计/许卓娅主编. 一南京:
江苏凤凰教育出版社，2014.6（2020.1 重印）
（幼狮工程）
ISBN 978-7-5499-4136-0

Ⅰ.①幼… Ⅱ.①许… Ⅲ.①音乐教育一教学研究一
学前教育 Ⅳ.①G613.5

中国版本图书馆 CIP 数据核字(2014)第 110686 号

书　　名	幼儿园音乐教学游戏化设计
作　　者	许卓娅
责任编辑	翟晶晶　严小英
出版发行	江苏凤凰教育出版社（南京市湖南路 1 号 A 楼　邮编 210009）
苏教网址	http：//www.1088.com.cn
印　　刷	江苏凤凰通达印刷有限公司(电话 025-57572508)
厂　　址	南京市六合区冶山镇（邮编 211523）
开　　本	787mm×1092mm　1/16
印　　张	14
版　　次	2014 年 6 月第 1 版
	2020 年 1 月第 5 次印刷
书　　号	ISBN 978-7-5499-4136-0
定　　价	33.00 元
网店地址	http://jsfhjycbs.tmall.com
公 众 号	苏教服务（微信号：jsfhjyfw）
邮购电话	025-85406265，025-85400774，短信 02585420909
盗版举报	025-83658579